Bien communiquer par son look
La Process Com Image

A Sylvie
pour sa précieuse aide
& sa gentillesse !

Merci Brigitte

le 1, Mai 2019.

Brigitte Esnoult • Pascal Legrand

Bien communiquer par son look

La Process Com Image

Préface de Gérard Collignon

Illustrations de Valentin Lacour

InterEditions

Du même auteur

P. Legrand (avec Gérard Collignon) : *Coacher avec la Process Communication – Le Process Com coaching*. InterEditions, 2006.

ISBN 978-2-7296-1052-4

PRÉFACE

La Process Communication de Taibi Kahler est arrivée à l'âge adulte. Le premier séminaire en France a eu lieu dans un laboratoire pharmaceutique lyonnais en avril 1987. À ce jour plus de 100 000 personnes se sont formées à ce modèle dans notre pays.

Ce modèle, visait tout d'abord l'excellence managériale et la performance des forces de vente.

Ses applications ont rapidement concerné l'enseignement avec l'excellent ouvrage de Béatrice Bailly « Enseigner, une affaire de personnalité » dans lequel Béatrice démontre comment la pédagogie peut être « process communiquante » pour s'adapter à la personnalité et répondre aux besoins des apprenants comme des enseignants. L'analyse du film de Laurent Cantet, Palme d'Or à Cannes en 2008, est proposée dans la nouvelle édition de « Comment leur dire... La Process Communication »[1].

Le coaching a été ensuite le deuxième nouveau terrain d'application du modèle. Nos travaux ont été présentés dans « Coacher avec la Process Communication » coécrit avec Pascal Legrand.

Aujourd'hui le travail de recherche sur l'application au recrutement est conduit avec talent et professionnalisme par Fabrice Dugard et Pascal Legrand. Un livre sur Process Com et recrutement verra prochainement le jour.

La toute dernière nouvelle adaptation de la Process Com à l'accompagnement des personnes est conduite par notre collègue certifiée Brigitte Esnoult qu'a accompagnée Pascal

1. Gérard Colligon, InterEditions, 2010.

Legrand pour mettre au point le cursus certifiant « Process Com Image ».

Ce cursus propose à tous les conseillers et conseillères en image des outils très concrets et une approche individualisée de leurs clients. Le livre de Brigitte et Pascal fourmille de conseils très concrets, d'illustrations éclairantes et d'incontournables apports théoriques démontrant ainsi la vitalité et l'efficacité du modèle de Taibi Kahler, pour coller au plus près aux enjeux actuels individuels et collectifs.

Bravo Brigitte pour ce livre… et merci à toi Pascal pour être qui tu es et faire ce que tu fais.

Gérard COLLIGNON
Saint François, le 2 décembre 2009

SOMMAIRE

INTRODUCTION

La Process Com et le conseil en image : « Paraître ce que l'on est » !

Nous sommes en 1995. Je participe à ma première formation de consultante en image, couleurs et styles. Une partie de cette formation est alors consacrée aux styles vestimentaires.

Ces styles sont classés en six looks : romantique, classique, gamin, naturel, ingénue, dramatique. À l'aide d'un test et d'une description, nous déterminons notre style de préférence ; celui-ci correspond à nos couleurs, aux matières, aux formes que nous privilégions.

Le style qui me caractérise, est le style « gamin ».

À l'instant T, ce style me convient bien : ni trop « jeune » ni trop « classique ».

Deux questions restent toutefois pour moi en suspens : « Pourquoi ce style me va-t-il comme un gant à un moment donné ? » « Pourquoi peut-il évoluer ? ». La réponse va m'être donnée quelques années plus tard, lors de ma découverte du modèle Process Com et de son inventaire de personnalité.

Mon type de personnalité de Base est « Travaillomane » et ma Phase est « Rebelle ». Il m'est alors facile de faire le lien entre mon look « Gamin » et ma Phase Rebelle.
Taibi Kahler, le créateur du modèle Process Com, fait lui-même, en 1988, un descriptif succinct des préférences vestimentaires ou colorées de chaque type de personnalité.

Depuis, ma connaissance du modèle Process Com, et son utilisation à l'aide de l'inventaire de personnalité dans mon déroulé de consultation en image m'aident à mieux comprendre et à m'adapter de façon pertinente à la personnalité de mon interlocuteur, en lui offrant un Conseil dans le respect de sa personnalité.

Ce livre n'est pas un livre pour spécialistes ou de coaching par la Process Com[1] ; son but est de proposer simplement une interprétation pratique de ce qui peut être fait dans le cadre d'un conseil en image.

Il est le fruit d'une réflexion personnelle, de l'étude et de l'observation de ma clientèle commencée il y a plus de quatorze ans. J'observe une similitude entre la personne et son vécu personnel et les différents styles décrits par les professionnels de l'image depuis l'année 1980.

Ce livre vous propose :

- de découvrir comment mettre en valeur votre type personnalité, en tenant compte de votre profil de personnalité Process Com ;
- d'adopter un style professionnel qui tient compte de votre image personnelle ;
- de prendre soin de vous en vous proposant différentes options d'image.

Brigitte Esnoult

Voici la liste des outils dont vous pouvez vous munir pour suivre les suggestions données dans cet ouvrage :

– Une photo portrait de vous
– Une photo de vous de la tête aux pieds
– Un morceau de tissu gris froid
– Un morceau de tissu gris chaud
– De la gouache (bleu, jaune, rouge, blanc, noir)
– Un feutre noir
– Un magazine de mode
– Ciseaux, colle...
– Et si vous l'avez déjà fait, votre Inventaire de Personnalité Process Com, outil de connaissance de soi décrit dans le premier chapitre de ce livre.

1. Voir à ce propos, *Coacher avec la Process Communication* de Gérard Collignon et Pascal Legrand, InterEditions, 2006.

1

À LA DÉCOUVERTE DES SIX TYPES DE PERSONNALITÉ

La Process Com

« La manière de dire les choses
a autant, et parfois plus d'importance,
que ce qui est dit. »
Taibi Kahler

D'OÙ VIENT LE MODÈLE

La Process Com est à la fois un modèle de découverte et de compréhension de notre propre personnalité et de celle de notre interlocuteur ; elle est aussi un outil de communication et de développement personnel particulièrement efficace.

La Process Com

La Process Com a été développée dans les années 1970 par Taibi Kahler, docteur en psychologie à partir de ses observations portant sur les relations et le management au sein des entreprises. En 1978, la NASA invite Taibi Kahler à participer au processus de recrutement des astronautes, afin de constituer des équipes homogènes[1]. Ces recherches aboutiront en 1982 au modèle Process Communication Management[2]. Basé sur un

1. *« Découvrir la Process Com »* par Jérôme Lefeuvre (InterEditions 2007)
2. Process Communication®, Process Communication Management®, Process Com Image®, Process Com Coaching sont des marques déposées.

questionnaire d'inventaire de personnalité informatisé, celui-ci, permet de :

- comprendre les différents types de personnalité et ainsi de donner des clés pour développer des stratégies de communication adaptées ;
- réagir de manière appropriée aux sollicitations de nos interlocuteurs : la Process Com sert à entrer en communication avec l'autre en se synchronisant non seulement avec ce qu'il dit, mais aussi avec ce qu'il ressent, avec ce qu'il pense et ce qu'il envisage de faire ;
- construire à court terme, aussi bien que sur le long terme, des relations constructives et efficaces.

Les nombreuses applications de la Process Com sont reconnues dans le monde professionnel, dans les domaines suivants :

- le management des hommes ;
- les relations commerciales ;
- le coaching individuel et le coaching d'équipe[1] ;
- l'aide au recrutement ;
- la thérapie et le développement personnel ;
- et le conseil en image dont il est question dans le présent ouvrage.

Pour en savoir plus :
Organisation de la Process Communication en France et en Europe

Kahler Communication France, créé en 1988 par Gérard Collignon[a], est le distributeur exclusif, avec sa filiale Kahler Communication Europe, de la Process Com pour l'Europe. Les activités principales de ce cabinet-conseil sont :

– de former et de certifier des formateurs Process Com, de former et d'accréditer des coachs et des conseils en recrutement. Seuls ces professionnels, dont les connaissances ont été validées, peuvent avoir

1. Cf. *Coacher avec la Process Com,* de Gérard Collignon et Pascal Legrand (InterEditions, 2006)

accès au questionnaire d'inventaire de personnalité[b]. En 2008, 11 500 inventaires de personnalité ont été réalisés en France par ce réseau professionnel ;
– d'accréditer les conseils en image formés à la Process Com Image par Brigitte Esnoult ;
– d'animer le réseau des 450 formateurs certifiés et 150 coachs et conseils en recrutement accrédités ;
– d'intervenir en entreprise dans les domaines du management et de la communication, de la cohésion d'équipes, de l'accompagnement humain du changement, du coaching et de la négociation commerciale.

a. Auteur de *Comment leur dire,* InterEditions, 2e édition, 2010.
b. Voir le site officiel de la Process Com en France : www.processcom.com.
Source : Kahler Communication France, 2009.

Deux concepts fondamentaux

La Process Com repose sur deux concepts originaux.

La manière de dire les choses a autant, et parfois plus d'importance, que ce qui est dit. C'est bien souvent sur la forme que réagissent, en bien ou en mal, nos interlocuteurs. Un bon processus de communication permet d'optimiser la relation, d'aller à l'essentiel et de construire en s'appuyant sur le meilleur de chacun. À l'inverse, un processus inadapté risque d'engendrer une « mécommunication », source de mésentente, de conflit, d'incompréhension et également de démotivation : les À quoi bon ? », « Il (elle) ne comprend décidément rien »... sont des révélateurs de cette incapacité que nous avons eue, à ce moment-là à communiquer efficacement.

Chacun de nous développe, au cours de son histoire, plus ou moins des caractéristiques de chacun des 6 types de personnalité identifiés par Taibi Kahler au cours de ses recherches. Comme nous le verrons un peu plus loin, nous possédons un type de personnalité de base, acquis pour la vie. Au cours de notre existence, nous pouvons développer des caractéristiques d'un autre type de personnalité que notre base, ce que Taibi Kahler appelle un « changement de phase ». Notre phase actuelle détermine nos sources de motivations psychologiques, dont certains de nos goûts pour notre image.

Le (la) consultant(e) en image accrédité(e) par Kahler Communication France utilisera sa connaissance du modèle Process Com pour adapter sa stratégie d'intervention auprès de son client afin d'adapter son conseil, en proposant un accompagnement personnalisé dans une attitude d'écoute bienveillante et respectueuse des choix de la personne en matière de style personnel.

LES 6 TYPES DE PERSONNALITÉ

Un type de personnalité, selon Taibi Kahler, est défini par un ensemble d'informations cohérentes entre elles, telles que :

- les points forts du caractère ;
- des caractéristiques comportementales, dont probablement un style d'habillement préféré ;
- un mode privilégié de perception du monde ;
- un canal de communication préférentiel ;
- des besoins psychologiques, sources de motivation ;
- une séquence prévisible de comportements liés au stress.

Aucun de ces 6 types n'est ni meilleur ni pire qu'un autre, ni plus intelligent ni moins intelligent... et nous sommes une combinaison de ces 6 types comme nous le verrons plus loin.

Les 6 types de personnalité sont les suivants :

- Empathique,
- Travaillomane,
- Persévérant,
- Rêveur,
- Promoteur,
- Rebelle.

Le type Empathique

Katia est chaleureuse avec ses interlocuteurs, sensible sur le plan émotionnel et compatissante avec les personnes en difficultés. Elle perçoit les situations au travers de ses émotions et de ses ressentis. Elle est également intuitive, possède une grande

qualité d'écoute et a à cœur la satisfaction et le bien-être de son interlocuteur. Avec son conseiller en Image, Katia apprécie un mode de relation bienveillant, centré sur une ambiance conviviale, agréable à vivre. Elle préfère une communication basée sur l'attention personnalisée et se sent à l'aise dans un environnement confortable et harmonieux.
Sous stress, Katia a tendance à se sur-adapter, c'est-à-dire à se conformer à ce que les autres attendent d'elle ou de ce qu'elle ressent que les autres attendent. Elle va « faire plaisir », avec un sourire un peu forcé. Elle peut manquer d'assurance et de fermeté dans ses décisions et ne parvient plus à dire « non ». Si le stress augmente, Katia se sent confuse et, par conséquent, peut faire des erreurs stupides involontaires, amenant alors son interlocuteur à la critiquer, ce qui la décrédibilise. Katia se sent alors « victime », triste et se dévalorise.
Katia a une apparence soignée. Elle s'habille de façon harmonieuse, son maquillage et sa coiffure la mettent en valeur. Elle aime les couleurs douces et assorties, les bijoux, les parfums... Selon Taibi Kahler, les personnes de type Empathique sont les meilleures clientes des produits cosmétiques. Pour la personne de type Empathique, c'est le confort qui prime et l'authenticité de la matière dont est fait le tissu des vêtements. Katia est féminine, mais sans excès de séduction. Ses tenues sont souvent composées de soie, de laine douce ; elle porte facilement jupes et robes, escarpins à talon, mais confortables.

La personne de type Empathique porte grand soin à son image et sait intuitivement ce qui lui va.

Les personnes de type Empathique font souvent leurs achats dans des lieux accueillants, où les vendeurs savent leur accorder une attention personnalisée. Ou encore, ils font leurs achats parce que c'est une manière de se faire plaisir et de prendre soin d'eux.

Pour communiquer efficacement :

- s'intéresser authentiquement à lui (à elle), *l'écouter* avec empathie ;
- montrer de la chaleur humaine pendant une séance de conseil en image ;
- lui permettre de s'affirmer dans ses choix d'image ;
- l'assurer de son soutien et de sa disponibilité lorsqu'il (elle) ressent des difficultés.

Tableau 1.1 : Caractéristiques du type Empathique

Points forts	Compatissant, chaleureux, sensible.
Caractéristiques	Capacité d'être « donnant », attentif aux besoins de l'autre. Doué pour créer l'harmonie entre les personnes.
Expression des sentiments	Aisée. Utilise ses émotions pour communiquer.
Apparence	Aspect soigné, couleurs douces et coordonnées.
Domaine d'activité préférentiel	Communication, relations publiques, professions d'aide, activités de service.
Environnement	Accueillant, chaud, confortable, personnalisé, à la maison comme au bureau.
Mode de perception	Ressent d'abord. Perçoit les personnes et les situations à travers les sentiments éprouvés à leur égard.
Besoins psychologiques	Reconnaissance en tant que personne. Environnement prenant en compte les besoins sensoriels.

Le type Travaillomane

Alain est un esprit cartésien, il a le sens des responsabilités et se montre organisé dans ses activités. Très investi dans sa vie professionnelle, il analyse les situations en recherchant les faits, les informations mesurables et vérifiées ; il a à cœur d'atteindre, voire de dépasser ses objectifs. Alain n'apprécie ni l'imprévu ni l'improvisation. Avec son conseiller en image, Alain apprécie d'être informé sur la méthode de travail proposée et les étapes chronologiques sous-jacentes ; il attend que son conseiller lui propose différentes options et le laisse décider. Il se sent à l'aise dans un environnement fonctionnel.
Sous stress, Alain se met à pinailler, à sur-détailler et devient perfectionniste. Si le stress augmente, il aura tendance à tout vérifier plusieurs fois, ne fera plus confiance et imposera ses méthodes en surcontrôlant ce que fait son interlocuteur
Alain s'habille en fonction de la situation. Son apparence est nette, propre et soignée. Il est impeccable, le pli du pantalon est toujours repassé, pas un fil ne dépasse, pas un bouton ne manque. Ses chaussures sont cirées, son visage est rasé de près. Il sent bon, mais discrètement, car chez lui tout est de bon goût.

À titre d'anecdote, une femme de type Travaillomane a toujours un collant ou des bas de rechange dans son sac au cas où celui qu'elle porte filerait !

Pour Alain, ses achats vestimentaires doivent se faire rapidement, soit dans une boutique où il a ses habitudes, soit dans un centre commercial pour ne pas perdre de temps. Il attend des vendeurs qu'ils sachent l'informer sur la composition des vêtements et sur les modalités de leur entretien.

Pour communiquer efficacement :

- aller droit au sujet à traiter, se montrer rationnel et professionnel ;
- lui donner toutes les informations dont il a besoin et l'inviter à réfléchir pour décider ;
- être ponctuel et veiller à l'optimisation du temps pendant la séance de conseil en image ; éviter les digressions ;
- élaborer avec lui un plan d'action précis fondé sur l'observable et le quantifiable. Fixer des objectifs clairs et fixés dans le temps ; lui laisser de l'autonomie pour faire ses choix d'image.

Tableau 1.2 : Caractéristiques du type Travaillomane

Points forts	Logique, responsable, organisé.
Caractéristiques	Sait se montrer logique et efficace.
Expression des sentiments	Rare. Considérée comme inappropriée dans le travail.
Apparence	Classique et soignée, en fonction des situations.
Domaines d'activité préférentiels	Technique. Fonctions administratives et comptables. Tâches demandant organisation, méthode et précision.
Environnement	Fonctionnel, ordonné, contemporain.
Mode de perception	Pense d'abord. Classe les gens et les choses par catégories.
Besoins psychologiques	Reconnaissance pour son travail. Structuration du temps.

Le type Persévérant

Victor possède une forte conscience morale et professionnelle ; il se montre particulièrement observateur et perspicace. C'est aussi un homme de convictions. Tenace, il veut aller au bout de ce qu'il entreprend. Il perçoit la réalité par ses opinions, et apprécie s'impliquer pour une mission à laquelle il adhère, en cohérence avec ses valeurs. Avec son conseiller en image, dont il a vérifié les diplômes et les références, Victor apprécie que celui-ci lui demande son avis et ne le mette surtout pas devant le fait accompli. En effet, il préfère une communication basée sur l'échange d'opinions et a besoin de se sentir respecté. Il est à l'aise dans un environnement classique et de bon goût, par exemple avec des meubles traditionnels et fonctionnels.

Sous stress, Victor devient négatif et se focalise sur ce qui ne va pas. Si le stress augmente, il cherche à imposer son point de vue, n'écoute plus et coupe la parole de son interlocuteur. Il peut devenir trop méfiant et hyper sensible à la critique négative.

Victor s'habille en fonction de ce qui convient le mieux à son milieu professionnel ou social. C'est un conservateur. Il a des principes sur ce qui se porte ou ne se porte pas, sans ostentation, plutôt de style classique. Il fait attention à sa ligne, à sa peau, à la santé de son cuir chevelu. Il est convaincu qu'il est important d'être attentif à la durée des choses et choisit plutôt de belles matières, préférant mettre le prix plutôt que de succomber à des tentations éphémères : Victor n'achète pas, il investit !

Comme nombre de personnes de type Persévérant, il aime l'indémodable, les beaux bijoux, mais en petite quantité. Victor nous dit que les bijoux se transmettent de père en fils ou de mère en fille ; par exemple, la chevalière avec les armoiries familiales ou la montre de l'aïeul, le collier de perles ou la broche de l'arrière grand-mère. Victor a choisi sa montre de marque avec attention, ses chaussures sont de belle qualité et fort bien entretenues, embauchoirs obligatoires ! Les personnes de type Persévérant gardent leurs vêtements longtemps et ajoutent une jolie pièce à leur garde-robe au fil du temps. Très fidèles à leurs lieux d'achats, elles savent que c'est là qu'elles trouveront la paire de chaussures à renouveler ou la robe nécessaire à un mariage ou un baptême d'un membre de leur famille.

Victor apprécie un vendeur professionnel, qui sait répondre aux questions précises et ne « force pas la vente ». En effet, pour ce type de personnalité, les techniques de vente sont souvent assimilées à de la manipulation.

Pour communiquer efficacement :

- écouter sans interrompre, puis reformuler son point de vue de façon fidèle ;

- être un modèle d'éthique et de déontologie ;
- le questionner sur la façon dont il conçoit son image, en cohérence avec son rôle social ou professionnel ;
- en cas de désaccord, formuler votre point de vue tout en respectant ses opinions et ses valeurs ;
- lui proposer des conseils sans lui imposer ;
- lui laisser le temps de vous faire confiance.

Tableau 1.3 : Caractéristiques du type Persévérant

Points forts	Dévoué, observateur, consciencieux.
Caractéristiques	Exprime des opinions, des convictions et des jugements de valeur.
Expression des sentiments	Réservée. Jugée inappropriée dans le travail. Cache souvent une grande sensibilité.
Apparence	Style classique et de bon goût.
Domaines d'activité préférentiels	Milieu entrepreneurial. Affaires sociales. Politique. Religion. Domaine associatif. Tous postes à responsabilités. Métiers de la sécurité.
Environnement	Fonctionnel, traditionnel, meubles anciens.
Mode de perception	Juge, évalue les gens et les choses en fonction de ses propres opinions.
Besoins psychologiques	Être reconnu pour ses opinions et son implication dans le travail.

Le type Rêveur

Claire se montre souvent tranquille et sereine. Elle apprécie le calme de moments solitaires pour laisser libre cours à son imagination et envisager le champ des possibles. Elle possède de grandes qualités d'introspection, de patience et de clairvoyance. Cependant, il est souvent nécessaire de l'inciter à agir, car elle ne prend pas l'initiative et peut demeurer dans l'inaction. Avec son conseiller en image, Claire a pris conscience de l'impact de son apparence et elle a suivi ses conseils à la lettre… avec l'idée de ne plus changer de style pour la dizaine d'années qui vient ! Claire se sent à l'aise dans des endroits sobres, car l'environnement est peu important pour elle.
Sous stress, Claire se replie sur elle-même, semblant être ailleurs et ainsi se coupe des autres. Elle peut s'impliquer dans

plusieurs projets, mais sans les mener à bien. Si le stress augmente, elle attend passivement et peut disparaître plusieurs jours sans qu'on puisse la joindre.
Pour Claire, la mode n'existe pas, le temps non plus. Comme lorsqu'elle était adolescente, elle est souvent en jean et baskets. Si elles ont adopté un style, les personnes de type Rêveur ne le lâchent plus : par commodité et pour ne pas s'embarrasser de détails superflus. Claire s'habille donc en fonction du temps qu'il fait et du confort souhaité, sans souci de la mode ou de l'harmonie des couleurs… une façon simple de se débarrasser d'un sujet qui n'est pas le sien !
Claire apprécie un vendeur posé, sachant lui donner des conseils, et lui simplifier la vie sur le principe de la « vente directive ».

Pour communiquer efficacement :

- respecter son rythme tranquille ;
- conduire l'entretien de conseil de manière directive et posée ;
- avoir des échanges brefs et directs ;
- être précis sur les conseils donnés ;
- lui laisser des temps de réflexion pendant la séance de conseil en image.

Tableau 1.4 : Caractéristiques du type Rêveur

Points forts	Réfléchi, calme, imaginatif.
Caractéristiques	Doué pour l'introspection et l'étude approfondie des situations. Aime les tâches concrètes. Habileté manuelle.
Expression des sentiments	De rare à inexistante.
Apparence	Style naturel, vêtements pratiques et confortables.
Domaines d'activité préférentiels	Tous travaux requérant solitude et approfondissement : recherche, écriture, psychologie, travail manuel.
Environnement	Simple, sobre, propice à la vie intérieure
Mode de perception	Motivé pour l'action par des éléments extérieurs. Ne prends pas l'initiative de la relation.
Besoins psychologiques	Solitude : du temps et de l'espace pour soi-même.

Le type Promoteur

Bertrand sait se montrer adaptable à tous types de situations ; il possède un véritable talent de persuasion, voire de séduction. Il a besoin d'être en permanence dans l'action ; il aime les défis et la nouveauté débouchant sur des résultats immédiats. Bertrand agit en fonction de son instinct de chasseur, et son côté « caméléon » lui permet de s'adapter aux circonstances et aux interlocuteurs. Il est reconnu pour être un solitaire et un fonceur.

Il s'est immédiatement bien entendu avec son conseiller en image, car celui-ci est allé directement à l'essentiel, lui promettant des résultats immédiats.

Bertrand aime les environnements luxueux, sortant de l'ordinaire qu'il n'apprécie pas.

Sous stress, Bertrand se montre agacé par les gens qu'il perçoit comme « dépendants » et, à ce moment-là, invite l'autre à se débrouiller seul. Si le stress augmente, il arrive à Bertrand de prendre des risques inconsidérés, voire dangereux pour ses affaires ou sa santé. Pour se tirer d'affaire, il peut manipuler son entourage.

La devise de Bertrand est : « Même si vous n'avez pas de fric, montrez que vous en avez quand même ! ». On reconnaît Bertrand au dernier mobile sur le marché, à son micro-ordinateur ultra plat et design qu'il s'est procuré grâce à l'une de ses nombreuses relations aux « States ». Ce n'est pas l'élégance qui prime chez Bertrand, mais une certaine séduction qui peut frôler l'ostentation. L'allure générale n'est pas forcément à la mode, quoique… mais il a été faire un tour chez son faiseur favori, celui avec lequel il peut discuter des prix, celui qui lui donne le sentiment d'avoir fait une affaire.

La femme de type Promoteur est très féminine, un peu à l'excès : un peu trop maquillé ou la jupe un peu courte, les talons un peu haut, le décolleté un peu trop plongeant… Elle attire forcément le regard et elle aime ça !

Bertrand fait ses achats à l'impulsion ; il aime un vendeur « qui a du répondant », sachant lui proposer l'affaire au meilleur prix et le considérant comme quelqu'un d'unique.

Pour communiquer efficacement :

- reconnaître ses « exploits » ;

- lui proposer d'entrer en action immédiatement, éviter les longs échanges en entretien ;
- être ferme avec lui et le stimuler dans les défis, ce qui est excitant pour lui ;
- accepter son goût très limité pour la théorie et la réflexion.

Tableau 1.5 : Caractéristiques du type Promoteur

Points forts	Adaptable, plein de ressources et charmeur.
Caractéristiques	Capacité d'être ferme et direct.
Expression des sentiments	Rare. Souvent considérée comme un signe de faiblesse.
Apparence	Vêtements et bijoux chers et voyants.
Domaines d'activité préférentiels	Vente. Lancement de projet. Sport. Animation. Business à évolution rapide. Défis.
Environnement	Luxueux, sortant de l'ordinaire.
Mode de perception	Orienté vers l'action avec des résultats rapides.
Besoins psychologiques	Excitation : beaucoup de stimulations sur un temps très court.

Le type Rebelle

Nelly est spontanée : il lui arrive fréquemment de dire tout haut ce que beaucoup pensent tout bas ! Elle se montre souvent créative, et possède un sacré sens de l'humour, allant parfois jusqu'à la provocation. Elle aime plaisanter en travaillant. Nelly réagit du tac au tac : elle aime ou n'aime pas, envie ou pas envie… et le fait savoir ! Sa devise : « Profitons de l'instant présent, demain est un autre jour ! ». Sa motivation est en grande partie liée à la qualité de la relation avec les autres. Nelly recherche un environnement stimulant lui permettant d'exprimer librement sa créativité et son dynamisme naturel.

Nelly adore ses relations avec son conseiller en image, car celui-ci est « cool », plaisante souvent, se montre complice et la laisse faire comme elle l'entend, en fonction de ses goûts du moment. Sous stress, Nelly râle, elle ne comprend plus ce qu'on lui demande de faire ; elle attend alors que l'autre fasse à sa place. Si le stress augmente, elle rejette la responsabilité de ses actes et de ses paroles sur les autres, avec une mauvaise foi… créative !

Nelly s'habille pour attirer l'attention. Elle peut se faire des mèches rouges et porter une coiffure invraisemblable un jour, et être sérieuse et conventionnelle un autre jour. Les personnes de type Rebelle n'aiment pas la mode dans leur ensemble, même si ça leur arrive de la suivre. Elles préfèrent être décalées, en retard ou en avance sur une saison, pionnières d'un look qui leur appartient à elles seules. Et si vous leur faites une remarque critique sur leur look, cela les réjouit et elles ajouteront un autre détail dès demain ! S'habiller est un jeu, acheter aussi, au gré de ses envies et de ses « coups de cœur ».

Nelly aime les vendeurs détendus, faisant preuve d'humour et n'allant pas à l'encontre de ses envies, même les plus originales !

Pour communiquer efficacement :

- utiliser l'humour et la complicité qui sont un excellent moyen d'aborder le sujet parfois délicat de son look provocateur ;
- accepter son goût peu développé pour tout ce qui fait appel aux convenances ;
- favoriser l'expression de sa créativité.

Tableau 1.6 : Caractéristiques du type Rebelle

Points forts	Spontané, créatif, ludique.
Caractéristiques	Capacité à jouer et à apprécier l'instant présent : « Carpe diem » !
Expression des sentiments	Souvent aisée. Sous forme d'émotions qui « sortent » de façon spontanée.
Apparence	Style original, pour attirer l'attention.
Domaines d'activité préférentiels	Création artistique, animation, tâches faisant appel à la créativité. Commercial.
Environnement	Amusant, plein de stimulations, aux activités variées avec des personnes dynamiques.
Mode de perception	Réagit aux personnes et aux choses en aimant ou en détestant.
Besoins psychologiques	Contacts.

LA STRUCTURE DE PERSONNALITÉ

Notre personnalité est donc un « mix » des 6 types de personnalité :

- Rebelle,
- Promoteur,
- Rêveur,
- Persévérant,
- Travaillomane,
- Empathique.

Pour comprendre ce que nous appelons en Process Com « la structure de personnalité », imaginez-vous être propriétaire d'un « immeuble » constitué :

- d'un rez-de-chaussée, que nous appelons la « base » ;
- de 5 étages ou « caractéristiques secondaires ».

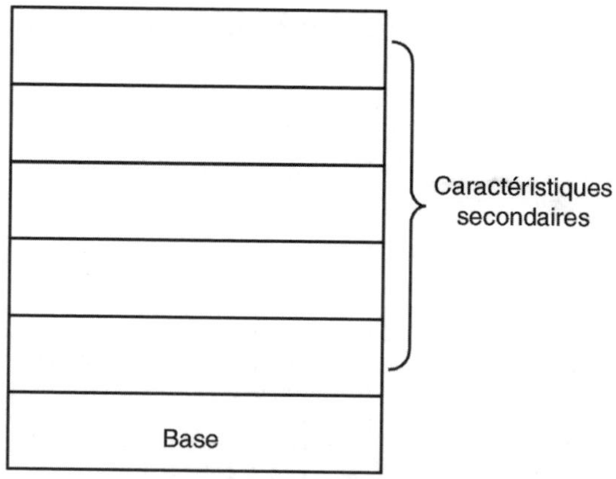

Figure 1.1 : L'immeuble, une image de la structure de personnalité

La base

On appelle type de personnalité de « base », le type de personnalité « principale ». C'est notre « assise » de communication. Nous entendons avec la base.

Si vous avez une base Empathique, vous percevez le monde à travers de vos ressentis et vos émotions. Avec une base Travaillomane, c'est l'analyse des faits ; avec la base Persévérant : les valeurs et les opinions. Si c'est une base Rêveur : l'imagination et la prise de recul. Et enfin, si vous avez une base Promoteur, vous êtes attiré par les défis et l'action ; pour la base Rebelle : la spontanéité et la réaction sur ce que vous aimez ou non.

La base se développe très tôt dans la vie (dans les 3 premières années) ; une fois établie, elle ne change plus. Le type de personnalité de base détermine :

- les points forts de la personne ;
- ses besoins psychologiques clés ;
- ses canaux de communication ;
- ses modes de perception préférentiels.

… et probablement son image préférentielle, celle qu'elle connaît depuis longtemps qu'elle pourra retrouver dans son album photos !

> Le (la) consultant(e) en image, accrédité(e) par Kahler Communication France gagnera à identifier la base de son client et à s'adresser à celle-ci pour être efficace dans sa mission de conseil. L'inventaire de personnalité Process Com passé par le client lui donnera un diagnostic fiable.

Les caractéristiques secondaires

Au type de base de chaque personne viennent s'ajouter des caractéristiques secondaires, provenant des autres types de personnalité. Bien que ces « caractéristiques » ne soient pas aussi développées que les premières, elles sont disponibles et peuvent être utilisées comme des ressources complémentaires en cas de besoin. Plus nous utilisons nos caractéristiques secondaires, plus nous accroissons notre potentiel d'adaptabilité à d'autres bases que la nôtre.

L'inventaire de personnalité de la personne décrit non seulement son ordre personnel de caractéristiques secondaires

(720 combinaisons possibles), mais aussi la taille relative de celles-ci, donc sa capacité relative à communiquer avec d'autres types de personnalité que le sien.

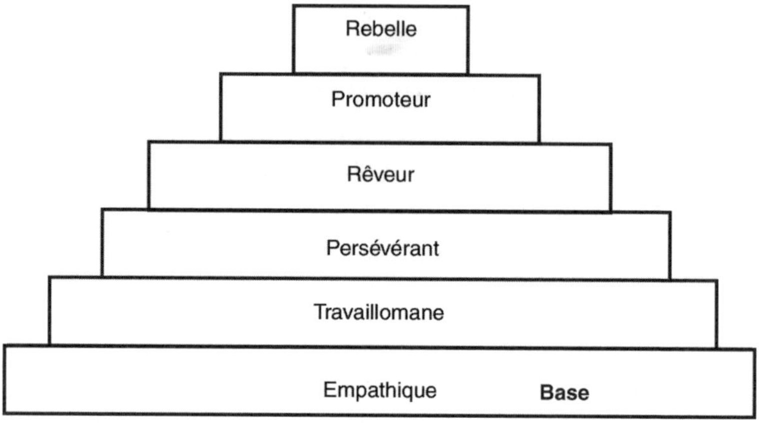

Figure 1.2 : Exemple « d'immeuble de personnalité »

> Selon les observations statistiques, une fois l'ordre de l'immeuble établi, sur la période des 6 à 8 premières années de la vie, l'ordre de l'immeuble ne change plus.

L'ascenseur

Lorsque nous sommes en bonne forme physique et psychologique, nous pouvons prendre notre ascenseur avec les deux avantages suivants :

- Nous avons accès à d'autres ressources que celles de notre base. Par exemple, si j'ai une base Travaillomane, alors mes principales ressources sont : mon sens de l'organisation, mon esprit logique et cartésien et le sens des responsabilités…, accompagné sans doute d'un aspect vestimentaire habituel classique et fonctionnel. Si je déplace mon ascenseur à l'étage Empathique, alors j'aurais accès à des ressources de chaleur humaine et de sensibilité… accompagnées d'un goût différent pour me vêtir : plus de confort et d'harmonie dans les couleurs.

- Nous pouvons communiquer avec d'autres types de personnalité de notre base. Le conseiller en image gagnera en efficacité s'il se « synchronise » sur la base de son client. Par ailleurs, nous pouvons observer que nous serons plus facilement et rapidement au 2e ou au 3e étage de notre immeuble, qu'au 5e ou au 6e… Concrètement, un conseiller en image aura à développer sa capacité à prendre son ascenseur pour travailler efficacement avec un client dont la base correspond à son 5e ou 6e étage.

> Une formation Process Com Image entraîne les conseillers à augmenter leur « flexibilité relationnelle », c'est-à-dire à prendre facilement leur ascenseur.

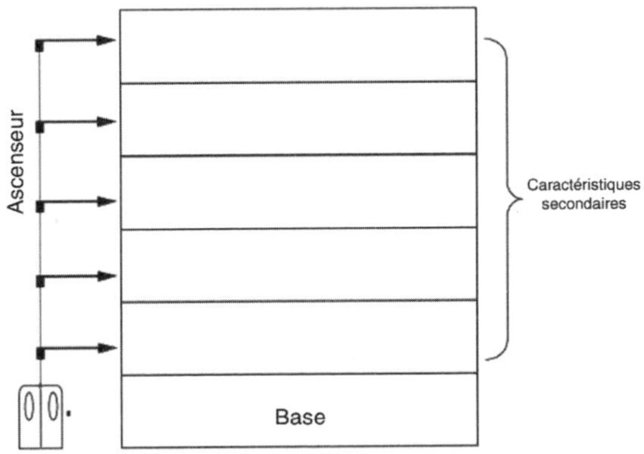

Figure 1.3 : L'ascenseur, une représentation de la flexibilité relationnelle

Lorsque nous sommes sous stress ou tout simplement fatigués, notre ascenseur est en panne. Nous aurons donc du mal à monter dans nos étages.

La phase

En plus de notre personnalité de base, nous possédons tous un type de personnalité de Phase, qui peut évoluer au cours de notre vie. Selon les statistiques établies par Taibi Kahler, 30 % de la population ne changent pas de phase (la base et la phase se trouvent donc « au rez-de-chaussée » de leur « immeuble ») et 70 % changent de phase au moins une fois, et ce faisant, vivent un changement important de leurs sources de motivation psychologiques au cours de leur vie. Lorsque se produit un tel « **changement de phase** », un type de personnalité différent de celui de la base devient un déterminant principal de la source de motivation de la personne. **La motivation est dans la phase actuelle**. Dans cette nouvelle phase, la personne fait l'expérience à la fois de nouveaux besoins psychologiques et des séquences de stress spécifiques. Une phase dure au moins deux ans, parfois toute la vie, et un stress intense et durable peut provoquer un changement de phase.

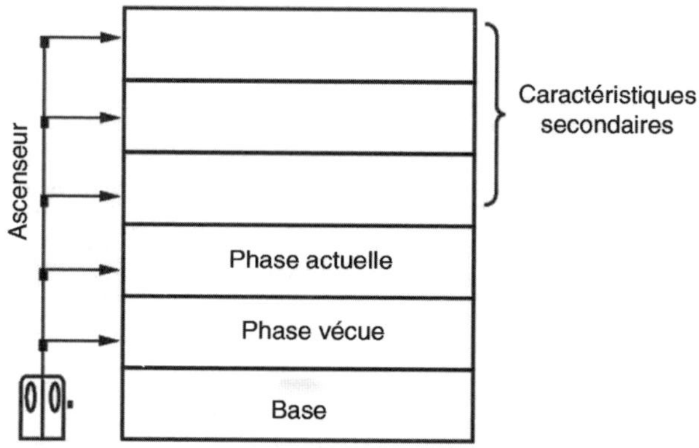

Figure 1.4 : Deux tiers des personnes dans le monde occidental changent de phase au moins une fois au cours de leur vie

Quand la phase actuelle peut influencer les motivations à changer d'image

Lorsque François était de base et de phase Travaillomane, son aspect vestimentaire était classique et fonctionnel :

- vêtements de coupe traditionnelle, faciles à entretenir et pratiques (avec de nombreuses poches où le portefeuille, le

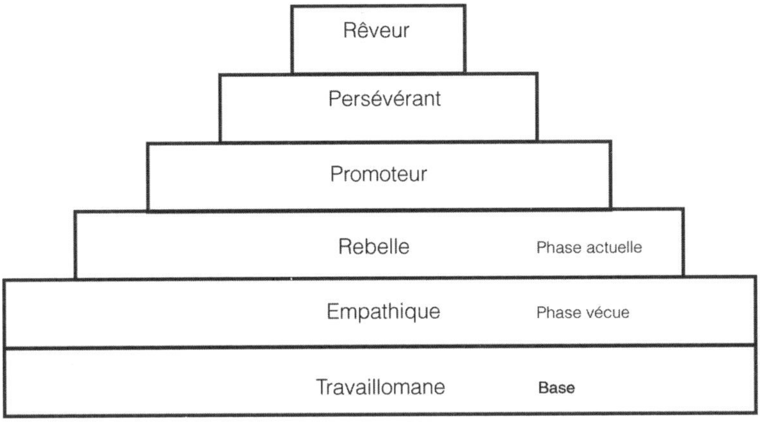

Figure 1.5 : Exemple de François, âgé de 47 ans

chéquier, le téléphone et les clés sont toujours rangés de la même manière) ;

- costume bleu marine ou gris coupé dans de belles matières infroissables ;
- chaussures confortables, avec semelles épaisses antichoc, toujours de la même marque ;
- coiffure classique, cheveux courts… et rendez-vous mensuel chez son coiffeur habituel ;
- moustaches bien taillées ;
- lunettes en écaille.

À la suite d'un deuil familial (stress long et sévère), François est passé de la phase Travaillomane à la phase Empathique, la base restant bien entendu Travaillomane. Les besoins psychologiques de sa nouvelle phase ont entraîné inconsciemment François à faire évoluer son look :

- vêtements plus confortables aux lignes arrondies, des tissus plus doux à porter (en pure laine ou par exemple un pull en cachemire), chemises colorées en harmonie avec veste et pantalon ;
- chaussures plus fines au cuir travaillé ;
- cheveux plus longs, toute comme la moustache plus fournie ;

- achats de parfum et de lotion après-rasage aux effluves discrets ;
- lunettes rondes en métal.

Quelques années après, François revit un stress sévère et passe en phase actuelle Rebelle, la phase Empathique devenant une phase vécue. Les besoins psychologiques de la nouvelle phase amènent François, toujours inconsciemment à changer sa garde-robe pour :

- des ensembles veste/pantalons atypiques
- des chemises colorées aux motifs parfois originaux ;
- des petites lunettes rectangulaires aux montures colorées ;
- Les moustaches ont disparu et les cheveux sont teints.

À RETENIR

Ce modèle ne contient aucun jugement de valeur.
Toutes les combinaisons (720) sont possibles.
Nous entendons avec notre base (pour communiquer, il convient d'utiliser le canal de communication et la perception de la base de notre interlocuteur).
La motivation est dans la phase actuelle (pour aider à se motiver : répondre au(x) besoin(s) psychologique(s) de la phase actuelle).
Il y a un **changement de phase** lorsque, de façon durable (minimum deux ans), nous présentons les caractéristiques d'un autre type de personnalité que celui de notre base.
Un **stress intense et durable** peut provoquer un changement de phase.
Tout au long de la journée, nous pouvons utiliser, en fonction des sollicitations de notre environnement, tous les « étages » de notre immeuble. Plus l'étage est élevé, plus il sera coûteux en énergie de nous y maintenir durablement et plus nous serons invités au stress négatif.

Pour communiquer efficacement

Prenons notre ascenseur pour offrir à notre interlocuteur l'« étage » qu'il entendra le mieux.

LES BESOINS PSYCHOLOGIQUES : NOS SOURCES DE MOTIVATION

L'étude du fonctionnement humain nous apprend qu'une fois nos besoins physiologiques satisfaits (boire, manger, dormir… et aussi être en sécurité), nous cherchons à satisfaire une autre catégorie de besoins que nous appelons en Process Com des « besoins psychologiques ». À chaque type de personnalité correspondent un ou deux besoins psychologiques spécifiques. Cet aspect figure parmi les points clés de la Process Com Image. Les travaux de Taibi Kahler ont établi en effet que la satisfaction des besoins psychologiques de la phase actuelle constituait une source essentielle de motivation. Comme nous l'avons vu précédemment : la motivation est dans la phase actuelle.

Nous vérifions souvent avec nos clients, dans le cadre d'un conseil en image, que les « besoins psychologiques » à nourrir en priorité sont ceux de la phase actuelle. Par conséquent, une personne adopte fréquemment le style vestimentaire en cohérence avec les besoins psychologiques de sa phase.

Or, les besoins psychologiques de notre base sont également importants. Nous constatons que satisfaire les besoins psychologiques de la phase crée de la motivation et que répondre aux besoins psychologiques de la base évite la démotivation. D'ailleurs, en cas de non-satisfaction durable des besoins de la base, nous risquons d'entrer en stress sévère.

Nous faisons le constat que notre base « colore » tous les étages de notre immeuble. De ce fait, nous faisons l'hypothèse en Process Com Image que le style vestimentaire de la base gagne à être « revisité » en fonction du style vestimentaire de la phase. Nous verrons aussi que, parfois, la première caractéristique secondaire juste au-dessus de notre phase actuelle peut influencer nos goûts vestimentaires.

Taibi Kahler a identifié 8 besoins psychologiques fondamentaux (tableau 1.7). Chacun d'entre eux est associé à un et parfois deux types de personnalité.

Tableau 1.7 : Huit besoins psychologiques

Besoins psychologiques	Types de personnalité
Reconnaissance en tant que personne Besoins sensoriels	Empathique
Reconnaissance pour le travail Structuration du temps	Travaillomane
Reconnaissance pour le travail Reconnaissance pour les opinions	Persévérant
Solitude	Rêveur
Excitation	Promoteur
Contact	Rebelle

Voyons ensemble la nature de chacun de ces huit besoins psychologiques.

Les besoins du type Empathique

La reconnaissance en tant que personne

Le type Empathique a besoin de se sentir apprécié, non pas pour son travail ou ses idées, mais pour qui il est. Les marques d'attention positives du genre *« Je me sens bien avec toi »*, *« Je suis heureux de vous avoir dans mon équipe »* ou encore *« Merci d'être avec nous »* le recharge en énergie. Un collaborateur de type Empathique ne travaille pas pour une entreprise, mais pour une personne ou une équipe « à visage humain » où l'ambiance est conviviale et les relations personnalisées.

Ce type de besoin psychologique répond à la question existentielle suivante : **« Suis-je une personne aimable ? »**. Pour Gérard Collignon, formateur de formateurs Process Com, la question existentielle va toutefois très au-delà de la satisfaction de nos besoins psychologiques. Elle est « existentielle », car elle touche au fondement de notre équilibre psychique, surtout la question existentielle de la base. « C'est à la fois une ligne de force qui oriente notre façon d'être au monde et notre ligne de fracture, étant également notre principale source de vulnérabilité ». Lorsque la question existentielle est menacée, il est donc fort probable que la personne entre sous stress sévère.

Les besoins sensoriels

Les 5 sens constituent un moyen de ressourcement privilégié pour une personne de type Empathique : couleurs, goûts, parfums, musique douce, le contact avec une étoffe agréable... De même, un bureau agréable, ensoleillé, décoré de plantes vertes et de photos de paysages chargées en émotions mettra son moral au beau fixe.

Les besoins du type Travaillomane

La reconnaissance pour le travail

Le type Travaillomane est lucide sur le fait que le travail qu'il vient d'exécuter est de qualité. Il sait ou non si ses capacités d'analyse et ses facultés d'organisation font de lui un bon professionnel, qui a le sens des responsabilités et sur qui on peut compter. Et il attend que son responsable hiérarchique lui envoie un signe de reconnaissance de type *« J'apprécie particulièrement la qualité de votre rapport d'analyse de nos activités mensuelles »* ou *« Félicitations pour ton chiffre d'affaires de cette semaine »*. Il ne s'agit pas de « passer la brosse à reluire », mais de lui donner un feed-back régulier et factuel sur sa performance. La question existentielle pour ce type de personnalité est **« Suis-je compétent ? »**.

La structuration du temps

La personne de type Travaillomane est organisée ; aussi appréciera-t-elle d'avoir des informations répondant à des questions telles que :

- « À quelle heure démarre et finit cette réunion ? »,
- « À quel endroit se trouve ce client, combien de temps faut-il pour s'y rendre ? »,
- « Combien coûte ce produit et quels sont les délais de livraison ? ».

Même ses vacances seront planifiées et structurées... pour son plaisir, mais pas forcément pour celui de ses proches !

Les besoins du type Persévérant

La reconnaissance pour les opinions

La motivation du type Persévérant consiste à agir selon ses convictions ou son système de valeurs. Il s'implique dès lors qu'il croit à ce qu'il fait. Sa question existentielle est **« Suis-je digne de confiance ? »**. Aussi appréciera-t-il qu'on vienne lui demander son avis sur un point essentiel. Si vous ne retenez pas son avis sur la question, il sera important de respecter son point de vue. Soyez intègre et loyal avec ce type de personnalité et laissez-lui le temps de vous faire confiance.

La reconnaissance pour son travail

Pas uniquement pour ses résultats ou ses compétences, mais surtout pour son implication personnelle, pour la contribution apportée, pour la mission accomplie conformément aux engagements pris. Une personne de type Persévérant souhaite donner du sens à ce qu'elle fait au quotidien. Si vous lui donnez de la reconnaissance pour ce qu'elle a réalisé, félicitez-la sobrement et avec honnêteté ; en effet ce type de personnalité ne supporte ni la flatterie, ni la flagornerie et encore moins la manipulation !

Le besoin du type Rêveur

Le besoin de solitude

La personne de type Rêveur a besoin de calme et de temps pour laisser libre cours à son imagination. Elle pourra ainsi prendre de la hauteur pour exercer son talent de clairvoyance, c'est-à-dire voir la situation dans son ensemble ou creuser un point particulier en profondeur. Elle pourra se sentir bien avec vous si les conversations sont brèves et sur un ton posé. Lui laisser des moments de réflexion avant de vous répondre est pertinent. La question existentielle du type Rêveur est **« Suis-je voulu ? »**, en ce sens, où il apprécie que vous alliez vers lui pour lui demander son point de vue ou lui donner une directive.

Le besoin de type Promoteur

Le besoin d'excitation

Son ressourcement : un projet nouveau promettant des résultats rapides, un défi à relever, une compétition sportive ou professionnelle, un « truc » difficile à monter, oser prendre un risque… Bref, tout ce qui bouge et lui rapporte, en terme d'image par exemple. Sa question existentielle est **« Suis-je vivant ? »**. La personne de type Promoteur appréciera que vous soyez direct avec elle et que vous ayez du répondant. Ne tournez pas autour du pot, foncez avec elle !

Le besoin de type Rebelle

Le besoin de contacts

Le besoin du type Rebelle est le contact ludique, basé sur l'humour ou la complicité. Il a besoin de « sortir du cadre » de rire en travaillant, de pouvoir faire preuve de créativité et d'originalité. Sa question existentielle : **« Suis-acceptable ? »**, c'est-à-dire avec mes défauts et mes qualités, notamment si je parle « politiquement incorrect ». Attendez-vous au « pavé dans la mare » ou à ce qu'il dise tout haut ce que beaucoup pensent tout bas. Ce type de personnalité, combatif et énergique, appréciera des contacts détendus et informels et au fait que vous le laissiez libre d'agir à sa guise… sans toutefois dépasser les bornes !

Dans le chapitre qui suit, vous allez découvrir les liens entre ces besoins psychologiques et les styles vestimentaires préférentiels, en fonction de la base et de la phase…

2

COMMENT S'HABILLENT LES SIX TYPES DE PERSONNALITÉ

Premiers pas en Process Com Image

« L'apparence est le vêtement
de la personnalité. »

Gallieni, Artiste peintre français

Catherine, avocate, est de type Rebelle. Joyeuse de nature, dynamique et plutôt anticonformiste, elle s'efforce pourtant de donner une image rassurante et discrète. Cependant pas question d'étouffer dans un tailleur. Pour les journées sans rendez-vous au bureau, elle opte pour une tenue dépareillée et la complète d'accessoires informels. Elle respire !

MON IMAGE, MON MIROIR…

Le style vestimentaire que nous adoptons n'est pas le simple fruit du hasard. Il est peut-être la partie « imagée » de notre personne. Nous pouvons exprimer à travers ce style, de façon consciente ou inconsciente, notre personnalité, notre style de communication et certaines de nos motivations. En « donnant du corps » à notre personnalité, nous affirmons qui nous sommes.

Le modèle Process Com nous apprend que notre base est construite très tôt dans notre existence et ne change pas. Base elle est, base elle restera ! Même dans le cas d'un changement de phase, la base reste importante. Si vous avez choisi de travailler sur votre image, nous vous suggérons de garder à l'esprit que « la base colorerait la phase ».

LE STYLE VESTIMENTAIRE D'UNE PERSONNE DE BASE ET PHASE EMPATHIQUE

> **Besoins psychologiques**
> Être reconnu(e) en tant que personne
> + besoins sensoriels

Vous projetez sans doute une image

- Douce
- Chaleureuse
- Pleine de sensibilité
- Agréable et conviviale

Vous êtes bienveillant et à l'écoute de votre proches. Votre côté prévenant peut inciter votre entourage à la confidence.

Vos besoins

Vous aimez être apprécié pour vous d'où la motivation de vous présenter sous votre meilleur jour. Vous recherchez un style harmonieux mettant en valeur votre personne, afin de répondre positivement à la question existentielle « Suis-je aimable ? »

Notre conseil vestimentaire

Plaire à l'autre, c'est avant tout être bien dans sa peau et dans son style. Vous vous connaissez physiquement et intuitivement, vous savez quelles sont les harmonies et les formes de vêtements qui vous mettent en valeur. Suivez votre intuition, tout en gardant à l'esprit qu'un style trop romantique risque de vous donner une image ingénue.

Mettre en valeur votre personnalité

- Les couleurs tendres, les tons pastel et le contraste doux à moyen.

Particularités pour Madame Empathique

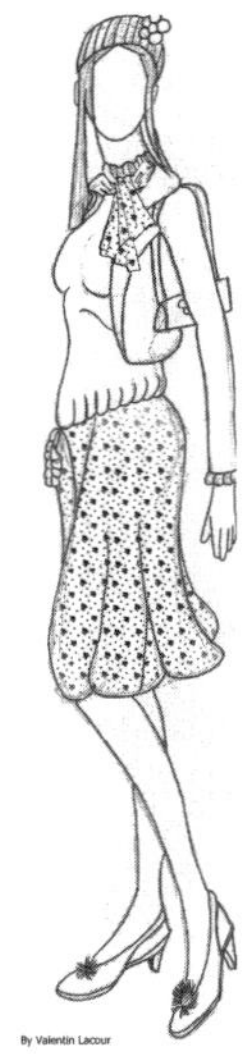

Suggestion de tenue : veste en maille fine, nouée à la taille par un ruban de satin, sur une jupe fluide à godets, des bijoux fins et des escarpins.

Matières : satin, dentelle, soie, crêpe, mousseline, organdi, popeline de coton, transparence, voile, fourrure.

Coiffures : cheveux longs, courts si coiffure sensuelle, mèches mettant en valeur le visage et le regard, boucles, chignon lâché.

Maquillage : une seconde peau, il est sophistiqué et harmonieux.

Bijoux : lignes arrondies comme le cœur, la fleur, perles, longs sautoirs, ras du cou.

Accessoires : assortis à la tenue du jour, foulards, châles, étoles, grands chapeaux, chaussures et sacs à profusion.

Particularités pour Monsieur Empathique

Suggestion de tenue : veste en velours portée sur un polo chic en soie sur un pantalon droit élégant.

Matières : popeline de coton, velours ras, soie, mohair, alpaga, laine fine, super 120'S, super 150'S, cachemire.

Coiffures : cheveux pas trop courts, toujours soignés et domestiqués sans être plaqués.

Accessoires : finement travaillés, épingle à cravate, gilet, boutons de manchette, foulards et écharpes.

- Les matières nobles, douces, poudrées, fluides et agréables à porter.
- Des motifs dans la courbe, arobase, pois, plumetis, cachemire, tissus fleuris et unis.
- Des accessoires raffinés, mettant en valeur votre image et s'harmonisant avec vos tenues.

LE TYPE VESTIMENTAIRE D'UNE PERSONNE DE BASE ET PHASE TRAVAILLOMANE

Besoins psychologiques

Être reconnu pour son travail et structuration du temps

Vous projetez une image

- Élégante
- Professionnelle
- Structurée
- Organisée
- Intemporelle

Vos besoins

Vous préférez la qualité à la quantité, votre entourage professionnel apprécie votre énergie et votre passion du travail bien fait.

Vous recherchez un style élégant, actuel et crédible et pouvant répondre à la question existentielle : « Suis-je compétent ? »

Notre conseil vestimentaire

Préférer la qualité d'un vêtement à la quantité signe votre élégance. La seule question à vous poser : « mon style n'est-il pas trop strict pour une soirée entre amis ? »

À surveiller

Un style trop structuré impose de garder ses distances et lors d'échanges informels peut être un frein à la communication. En fonction des circonstances, une image parfaite et sérieuse peut aussi rimer avec convivialité.

Mettre en valeur votre personnalité

- Les couleurs et harmonies discrètes, les neutres, les monochromes et les contrastes moyens.
- Les matières lisses, structurées, de qualité, nobles et non froissables.
- Pas de motifs ou suggérés, des droites, rayures tennis, rayures craie.

Particularités pour Madame Travaillomane

Suggestion de tenue : tailleur élégant porté sur un chemisier raffiné et accompagnés d'escarpins à talons moyens.

Matières : soie, crêpe, popeline de coton, coton moyen, jersey, velours ras, tweed.

Coiffures : soignées, cheveux courts, mi-longs, ordonnés. Votre coiffure apportera de la franchise au visage.

Maquillage : simple et peu voyant.

Bijoux : sans excès, de taille raisonnable et dans des matières de qualité ou précieuses.

Accessoires : peu et de valeur donnant une impression de réussite. De marque, mais discret, sac assorti à la tenue, à la chaussure de préférence de ton neutre.

Particularités pour Monsieur Travaillomane

Suggestion de tenue : costume uni, chemise coton d'Égypte, cravate à motifs linéaires, chaussures à lacets style Richelieu.

Matières : coton d'Égypte, Super 100'S, Super 120' S, 100 % laine, mohair, soie pour les cravates.

Coiffures : soignées, cheveux courts, les oreilles dégagées.

Bijoux : uniquement l'alliance, montre bracelet cuir et à chiffres romains.

Accessoires : très peu, mais de valeur donnant une impression de réussite, de marque, organiseur, stylo raffiné, portable avec agenda.

LE STYLE VESTIMENTAIRE D'UNE PERSONNE DE BASE ET PHASE PERSÉVÉRANT

Besoins psychologiques
Être reconnu pour ses opinions et pour son implication dans ses missions

Vos besoins

Vous préférez investir votre temps et votre argent aux services de la personne et de la société plutôt que de vous offrir les derniers vêtements à la mode.

Vous projetez une image

- Traditionnelle
- Respectable
- Contrôlée
- Non ostentatoire

Vous recherchez un style conventionnel et respectable et qui répond à la question : « Suis-je digne de confiance ? »

Notre conseil vestimentaire

Un brin de modernité et de coquetterie dans vos tenues ne mettront pas en péril l'image honnête et accessible qui vous tient à cœur et que votre entourage a de vous.

À surveiller

Ce style peut paraître dépassé, voire « vieillot ».

À privilégier

- Les couleurs discrètes, les monochromes et les contrastes moyens.
- Les matières sèches qui résistent à l'usure du temps.
- Les motifs comme le pied-de-poule, le prince de Galles, le chevron, le cachemire, oxford, le tartan.
- Des accessoires distingués et qui se transmettent de génération en génération.

Particularités pour Madame Persévérant

Suggestion de tenue : jupe plissée, veste de style autrichien sur un polo à col maille et ballerines avec un petit talon.

Matières : soie, crêpe, coton, popeline, velours côtelé, tweed.

Coiffures : carrés classiques, boucles si naturelles, pas trop mode, cheveux attachés.

Maquillage : léger voire pas du tout.

Bijoux : de famille, ras du cou, broche, collier de perles, bague fine et alliance.

Accessoires : foulard, serre-tête, barrette discrète, bandeau, sac assorti aux chaussures.

Particularités pour Monsieur Persévérant

Suggestion de tenue : blazer, pantalon, gilet sur chemise avec foulard, chaussures à lacet du style derby.

Matières : coton, gros velours, soie, mohair, laine, tweed.

Coiffures : propres, nettes, entretenues,

Bijoux : l'alliance uniquement, chevalière avec armoiries, montre classique de famille.

Accessoires : épingle à cravate, gilet de laine.

LE STYLE VESTIMENTAIRE D'UNE PERSONNE DE BASE ET PHASE RÊVEUR

Besoin psychologique
Solitude

Vos besoins

Votre univers est intérieur et le vêtement n'en fait pas partie.

Vous projetez une image

- Simple
- Éthérée
- Paisible
- Naturelle

Vous aimez un style simple, confortable, passe-muraille, laissant l'initiative à votre entourage de vous conseiller sur votre façon de vous habiller et ainsi de répondre positivement à la question existentielle « Suis-je voulu ? »

Notre conseil vestimentaire

Votre style peut paraître négligé et peu ouvert à la communication. Préparez votre tenue la veille au soir et vérifiez qu'il ne manque pas un bouton ou que votre ourlet n'est pas défait.

Conseil vestimentaire pour le bureau

Vous devez vous sentir à l'aise et ne pas flotter dans vos vêtements. Une veste aux lignes structurées et une paire de chaussures avec une bonne assise au sol aideront à dynamiser votre image.

Mettre en valeur votre personnalité

- Les couleurs et harmonies colorées passe-partout et des contrastes doux. Des compositions faciles à réaliser : un brun avec un beige, un rose adouci avec un bleu, un noir avec du blanc.
- Des tissus confortables, en fibres naturelles, écologiques, d'entretien facile et pour lesquels le repassage est superflu.

- Des unis ou un mélange de courbes et de droites pour réveiller votre image.
- Des accessoires simples.

Particularités pour Madame Rêveur

Suggestion vestimentaire : pull ample sur pantalon sarouel, sandales.

Matières : jean, coton, toile de coton, laine, pilou, velours côtelé, bambou.

Coiffures : sans contrainte, lavées et portées, naturelles, légèrement dégradées, séchage naturel, cheveux retenus par un bandeau.

Maquillage : pas ou pour créer un électrochoc : crème teintée, mascara et brillant à lèvres.

Bijoux : en matières naturelles.

Accessoires : grande besace, fourre-tout, chaussures confortables avec un talon moyen afin de rester en contact avec la réalité, tennis, bottes cavalières.

Particularités pour Monsieur Rêveur

Suggestion vestimentaire : pull ample sur tee-shirt, pantalon treillis, baskets.

Matières : non froissables, jean, gros coton, toile de coton, grosse laine, pilou, velours côtelé, bambou.

Coiffures : sans entretien, cheveux dégradés, barbe d'un jour.

Accessoires : montre avec bracelet cuir ou daim, ceinture en daim, chaussures semelles larges.

LE TYPE VESTIMENTAIRE D'UNE PERSONNE DE BASE ET PHASE PROMOTEUR

Besoin psychologique

Excitation

Vos besoins

Vous aimez briller et montrer votre réussite. Votre image est fascinante, séduisante et un brin provocatrice.

Vous projetez une image

- À la mode
- De réussite
- Séductrice
- Assurée
- Audacieuse

Votre style est fascinant, séduisant, ostentatoire et dynamique. Vous affichez votre image et vous répondez de vous-même à la question existentielle : « Suis-je vivant ? »

Notre conseil vestimentaire

Le premier rôle est votre seconde peau. Votre style impose le respect ou l'admiration et on apprécie votre détermination et votre esprit combatif.

À surveiller : trop c'est trop !

Votre assurance peut donner de vous une image orgueilleuse, sans état d'âme et déclencher envie ou répulsion. Montrez votre succès avec élégance ! Pour projeter une image gagnante, il ne suffit pas de porter le dernier article à la mode. Domptez votre image en préférant un style « classe », mais pas « victime de la mode ».

Mettre en valeur votre personnalité

- Les couleurs et harmonies vives, audacieuses, les monochromes colorés et les contrastes forts.
- Les matières cassantes, structurées, riches, brillantes.

Particularités pour Madame Promoteur

Suggestion vestimentaire : veste longue, chemisier satin, pantalon cigarette, bottes et un accessoire éléphantesque.

Matières : satin, cachemire, poule de soie, cuir, imprimés chics, pieds de coq, prince de Galles marqué, rayures tennis larges et marquées.

Coiffures : très courtes, asymétriques, carré plongeant, rigoureuses ou chevelure imposante.

Maquillage : élaboré ou léger avec bouche très prononcée et ongles vernis.

Bijoux : en abondance, ostentatoires, audacieux, lignes anguleuses, métalliques et qui se voient.

Accessoires : larges ceintures, escarpins à talons aiguilles, bottes sur talons vertigineux, cuissardes, sac volumineux.

Particularités pour Monsieur Promoteur

Suggestion vestimentaire : costume noir légèrement brillant, chemise col ouvert, chaussures à bouts pointus et italiennes.

Matières : nobles, jean haute qualité, coton d'Égypte, alpaga, super 120'S, super 150'S, cuir, rayures fines bien marquées et des unies.

Coiffures : aux lignes structurées, sexy, cheveux en brosse, mi-longs mais soignés, en pétard, barbe d'un jour, coiffé-décoiffé avec un dégradé déstructuré.

Accessoires : imposants, mais pas criards, bracelets, montre de marque.

La veste de cuir ou votre jean auront beaucoup plus de « classe » en les relevant avec un seul accessoire de prix.

- Les motifs énormes ou pas de motifs du tout, des droites, des motifs géométriques.
- Une ligne de vêtement structurée et audacieuse donnant une image haute couture.
- Les accessoires de marque et voyants affirmant votre personnalité et montrant votre réussite.

LE STYLE VESTIMENTAIRE D'UNE PERSONNE DE BASE ET PHASE REBELLE

Besoin psychologique
Contacts

Vos besoins

Vous aimez être entouré de vos amis et les réunions conventionnelles ne sont pas pour vous réjouir, d'où le besoin de montrer qui vous êtes par votre style qui a l'air de dire « Coucou, je suis moi ! ».

Vous projetez une image

- Unique
- Inventive
- Ludique
- Anticonformiste

Votre style : tout et son contraire ! À vos yeux, l'important c'est que les autres vous acceptent pour ce que vous êtes et non pas pour vos vêtements. Par votre côté provocateur, vous demandez à votre entourage de répondre à la question existentielle : « Suis-je acceptable ? ».

Notre conseil vestimentaire

Vous avez le don de porter la mode de demain. Vous aimez avoir votre « look perso » et ne pas ressembler à votre voisin. Alors, osez, mais ne provoquez pas ! Recherchez le mélange de style et des marques.

Particularités pour Madame Rebelle

Suggestion vestimentaire : veste militaire, tee-shirt avec un énorme logo sur un jean et des boots.

Matières : nouvelle matière, toile de coton, coton, jersey, stretch, tweed, velours ras ou côtelé, gabardine, jean, cuir, tartan, le matelassé.

Coiffures : ébouriffées, du long et du court dans la même coupe, mèches marquées et tombantes sur les yeux.

Maquillage : tout et rien, voire expérimental.

Bijoux : mélange de droites et de courbes, chaîne de cou métallique, bracelet large en cuir.

Accessoires : bottes, ceintures en cuir avec détails métalliques, sac forme besace.

Particularités pour Monsieur Rebelle

Suggestion vestimentaire : veste revisitée, tee-shirt à capuche sur un pantalon de treillis accessoirisés avec des boots et une casquette.

Matières : jean, cuir, coton, velours ras, cuir, tartan, matelassé.

Coiffures : rasées, courtes ou longues, déstructurées avec une barbe de plusieurs jours.

Accessoires : grosses chaînes métalliques, bottes en cuir, tennis, montre sport, besace.

À surveiller

Soyez tempéré(e) dans votre envie d'être différent. Trop de différences peuvent rimer avec mauvais goût ou provocation.

Mettre en valeur votre personnalité

- Les couleurs et harmonies colorées, vives ou le contraire comme le total look noir.
- Les matières souples à structurées voir collantes ou un brin provocantes.
- Les motifs amusants, les rayures, les écossais ou pas de motif.
- Aucun accessoire ou bien très stéréotypés.

QUAND LA PHASE ACTUELLE DONNE ENVIE DE CHANGER DE LOOK

> Durant les 10 premières années en sa qualité de directeur général, André a toujours pensé que l'image n'avait aucune importance et qu'il valait mieux briller par ses compétences que par son style vestimentaire. Depuis qu'il est devenu papa, André se surprend à complimenter le style vestimentaire de ses collaboratrices et trouve agréable le flottement d'un léger parfum. Sa vision des choses a changé : « Élégance ne rime pas forcément avec incompétence ! ».

Nous avons vu les styles « purs » de chaque type de personnalité. Certains d'entre nous se retrouveront sans doute dans un ou deux styles, voire trois.

Pas de panique ! Il s'agit maintenant de comprendre que notre style n'est pas lié uniquement à notre base et qu'il dépend peut-être aussi de notre phase actuelle.

Pourquoi une personne peut-elle changer de phase ?

En cas de stress intense et durable, négatif (un deuil, une séparation mal vécue, un licenciement conflictuel...) ou positif (l'arrivée d'un enfant à la maison, une promotion professionnelle importante...), nous pouvons être amenés à changer de phase. C'est un phénomène psychologique inconscient, s'étalant sur quelques mois ou années. Une phase peut durer de deux ans minimum à toute la vie. Si nous changeons de phase, nos besoins psychologiques évoluent : le(s) besoin(s) de notre ancienne phase s'estompent pour laisser place au(x) besoins psychologiques de notre nouvelle phase. C'est le cas d'André, qui est passé de la phase Travaillomane à la phase Empathique. Nous constatons alors que notre style vestimentaire peut évoluer et le style préférentiel de la phase actuelle influencerait, selon notre hypothèse, la façon de nous habiller.

Un style personnel est composé, selon nous, de la phase actuelle, fortement coloré par la base. Voici quelques conseils pour les 36 combinaisons base/phase.

Le style vestimentaire pour une base Empathique

Le vêtement devrait garder sa fluidité et les matières resteront douces au toucher.

Phase Travaillomane

Exemple au féminin : maquillage discret, boucles d'oreilles fines, veste courte unie sur jupe fluide de la même couleur que votre veste, escarpins talons moyens, mais pas talons aiguilles !
Exemple au masculin : veste sans structure, pantalon fluide, chemise à motifs discrets, chaussures en daim. Le tout en monochrome.

Phase Persévérant

Exemple au féminin : veste laine avec col ou châle sur jodhpur.
Exemple au masculin : veste à rayures fines, pantalon droit uni dans le même ton que la veste, gilet, col V sur chemise blanche.

Phase Rêveur

Exemple au féminin : veste longue en chandail avec une jupe en maille sur leggings.
Exemple au masculin : veste longue, pantalon sarouel sur chandail maille souple, écharpe longue.

Phase Promoteur

Exemple au féminin : maquillage marqué, robe dentelle noire, talons aiguilles, collier tour du cou en satin agrémenté d'une rose brillante.

Exemple au masculin : cheveux mi-longs, veste en satin noir sur pantalon près du corps, chemise col Danton, poignets mousquetaire, derbys cirés.

Phase Rebelle

Exemple au féminin : veste fourrure, ceinture lâche portée sur pantalon à bretelles en jean et bottines.
Exemple au masculin : manteau long, gilet précieux, sur pantalon fluide, pataugas noires à lacets.

Le style vestimentaire pour une base Travaillomane

Garder la « logique » du costume ou du tailleur.

Phase Empathique

Exemple au féminin : veste masculine, jupe fluide sur top en soie, pochette assortie aux escarpins.
Exemple au masculin : veste longue, pantalon large, chemise portée sans cravate.

Phase Persévérant

Exemple au féminin : veste à motifs pied-de-poule, jupe unie, chemisier simple avec des escarpins.
Exemple au masculin : costume bleu marine, gilet laine sur chemise blanche, foulard de soie.

Phase Rêveur

Exemple au féminin : veste masculine portée large, sur pantalon large, chaussures à talons plats.
Exemple au masculin : costume large, veste bord à bord, chemise blanche sans cravate.

Phase Promoteur

Exemple au féminin : tailleur « type Chanel », chemisier à jabot, ceinture large, bottines talons aiguilles.

Exemple au masculin : costume coupe italienne, chemise noire, Richelieu verni noir.

Phase Rebelle

Exemple au féminin : veste droite zippée ceinturée sur pantalon près du corps, boots plates.
Exemple au masculin : veste de costume portée sur jean, polo en soie chic, derbys.

Le style vestimentaire pour une base Persévérant

Garder l'idée de la veste/pantalon ou veste/jupe, en choisissant des matières qui durent dans le temps (gros velours, tweed, écossais).

Phase Empathique

Exemple au féminin : gilet tweed, chemisier avec col jabot motif cachemire, jupe à godets sur bottes cavalières dans des harmonies colorées douces.
Exemple au masculin : veste gros velours, gilet tweed, pull col roulé laine douce, pantalon flanelle, chaussures derbys en daim.

Phase Travaillomane

Exemple au féminin : tailleur strict en flanelle, gilet assorti au tailleur, pull col roulé, chaussures plates.
Exemple au masculin : veste blazer croisée sur pantalon classique, cravate et pochette.

Phase Rêveur

Exemple au féminin : veste col châle enveloppant, chemisier simpliste sur jupe longue à plis.
Exemple au masculin : veste gros velours, pull col roulé, pantalon grosse toile, boots en cuir.

Phase Promoteur

Exemple au féminin : tailleur-pantalon en tweed, chemisier satin uni, col noué façon cravate, bottes cavalières en croco, assorties au sac besace croco.

Exemple au masculin : complet italien, motif prince de Galles, cravate et pochette.

Phase Rebelle

Exemple au féminin : veste à brandebourg, pantalon jodhpurs velours ras, bottines tweed. Petit sac porté sur les hanches.

Exemple au masculin : gilet en tweed, sur tee-shirt à manches ras du cou, foulard en soie à tartan, bottes en daim à grosses semelles.

Le style vestimentaire pour une base Rêveur

Quelle que soit la phase actuelle, le style doit rester discret et ne pas vous sur exposer. De préférence utilisez les couleurs neutres (brun foncé, gris, noir) et les couleurs ternes (beige grisé, blanc cassé, gris brun...). Les matières sont simples et confortables.

Phase Empathique

Exemple au féminin : veste longue confectionnée au crochet sur robe tunique légèrement ceinturée en coton fin, avec des ballerines plates.

Exemple au masculin : parka sur une chemise coton lourd et un pantalon fluide sur boots.

Phase Travaillomane

Exemple au féminin : veste droite en laine fine nouée de façon désinvolte, chemisier classique sur pantalon large en laine fluide, derbys en daim noir.

Exemple au masculin : veste toile, chemise col classique, pantalon baggy, chaussures style baskets « ville » en daim.

Phase Persévérant

Exemple au féminin : pull col roulé ample, grand châle noué autour du buste, kilt long, derbys plats.
Exemple au masculin : blouson toile, chemise tartan, pantalon toile jeans.

Phase Promoteur

Exemple au féminin : veste droite à larges poches nouée par une ceinture fine pouvant faire plusieurs fois le tour de la taille, sur jupe longue couvrant les pieds.
Exemple au masculin : veste fluide s'arrêtant aux chevilles, tee-shirt soie, pantalon large avec de grands revers laissant apparaître les chaussures.

Phase Rebelle

Exemple au féminin : veste ceinturée de style militaire, pantalon sarouel, bottes plates en cuir retourné.
Exemple au masculin : veste longue matière synthétique, chemise boutons en diagonale, pantalon très large en jean et Converse.

Le style vestimentaire pour une base Promoteur

La seule phrase à retenir : « qui en jette ! »

Phase Empathique

Exemple au féminin : veste cintrée et ceinturée sur robe bustier droite, chaussures talons aiguilles.
Exemple au masculin : veste mélange soie/lin sur pantalon droit, top près du corps soie, chèche et chaussures à bouts pointus assorties à la ceinture.

Phase Travaillomane

Exemple au féminin : veste cuir souple sur combinaison d'aviateur, bottines à talons hauts.

Exemple au masculin : costume italien à rayures visibles, chemise col italien, cravate double nœud, chaussures cuir fin et mat.

Phase Persévérant

Exemple au féminin : veste tweed, polo de marque, pantalon satin, chaussures talons compensés.

Exemple au masculin : veste italienne à rayures sur polo chic, pantalon droit, mocassins bas style bateau.

Phase Rêveur

Exemple au féminin : robe jersey, veste longue avec capuche, chaussures à talons compensés, mais pas trop hauts.

Exemple au masculin : veste 3/4, liquette soie, pantalon très large.

Phase Rebelle

Exemple au féminin : blouson cuir noir porté avec un short salopette ceinturé et des cuissardes.

Exemple au masculin : chemise satin sur tee-shirt, pantalon large avec chaîne, sur derbys en daim ou des tongs pour l'été.

Le style vestimentaire pour une base Rebelle

Lui aussi : parfois tout ou parfois rien ! De la couleur à profusion ou un total look noir.

Phase Empathique

Exemple au féminin : blouson cuir souple sur combinaison mécanicien en satin accessoirisés avec des bottines plates brillantes.

Exemple au masculin : veste velours, chemise à fleurs, pantalon toile avec baskets montantes.

Phase Travaillomane

Exemple au féminin : veste courte style spencer, sur gilet et pantalon à rayures.
Exemple au masculin : veste déstructurée, pull maille fine, pantalon large, ceinture double tour, besace cuir, chaussures derbys à lacets.

Phase Persévérant

Exemple au féminin : veste style Chanel, tee-shirt à impression, sur Jean.
Exemple au masculin : blouson année 60 à carreaux, tee-shirt col rond avec bandana en soie aux motifs cachemire, pantalon toile retroussé aux chevilles avec des mocassins de ville sans chaussettes.

Phase Rêveur

Exemple au féminin : combinaison style sarouel, plusieurs ceintures portées lâches et cloutées,
Exemple au masculin : blouson toile, liquette sur pantalon en jeans, baskets montantes.

Phase Promoteur

Exemple au féminin : robe chemisier en toile de parachute, tee-shirt Marcel, grosse ceinture en cuir sur les hanches, collants foncés avec bottes Rangers.
Exemple au masculin : blouson Perfecto noir, pantalon toile noir, t-shirt noir à capuche, chaussures noires brillantes.

Exercice 2.1 : Découvrir votre image

Cet exercice peut être fait à l'aide de vos vêtements et accessoires.

1. À l'aide de votre inventaire de personnalité et en vous aidant des styles vestimentaires décrits dans ce chapitre, découpez dans un magazine de **l'année** les vêtements qui pourraient correspondre à votre base et à votre phase actuelle.
2. Découpez ensuite une tenue qui allie le style vestimentaire de votre base et le style vestimentaire de votre phase.
3. Continuer l'exercice en découpant des accessoires correspondant à vos différents étages (phases vécues ou pas).

3

COMMENT VOTRE IMAGE PARLE DE VOUS

... et ce que vous pouvez lui faire dire

« Si j'ai mon petit tailleur noir avec ses jolis boutons, je peux parler devant huit cents personnes. »

Audrey Hepburn

Paul, directeur des ventes d'une grande marque de cosmétique, est de base Promoteur et de phase Travaillomane. Il reçoit en entretien d'évaluation trimestrielle Sophie, de base Empathique et de phase Rebelle. Le chiffre d'affaires de Sophie n'est pas bon. Paul, à son habitude, est vêtu d'un costume noir, cravate noire et chemise blanche. Sophie est vêtue d'une robe multicolore et a pris soin de son maquillage très rose pour la circonstance.
Paul surpris par la tenue et le bonjour de Sophie, donné sur un ton trop joyeux à son goût, vu la circonstance, lui répond d'un ton sec « Asseyez-vous, nous avons à parler... non plutôt, puisque vous semblez prendre notre entretien pour une partie de plaisir, allez nous chercher un café avant de vous asseoir ». Sophie outrée, les larmes aux yeux, réplique : « Non monsieur, rien qu'à vous regarder, je savais que ce n'était pas un rendez-vous romantique, j'essayais tout simplement d'être aimable et courtoise et je suis vraiment désolée, je n'irai pas chercher votre fichu café et je ne sens pas vraiment en état de vous parler ».

Mécommunication due à un style vestimentaire et à relationnel non appropriés : le rendez-vous est manqué !

Paul aurait dû monter à son étage Empathique pour communiquer avec Sophie (On entend avec la base !) : utiliser une partie de personnalité « Réconforteur », avec un style de management bienveillant, et adopter une communication visuelle plus ouverte et chaleureuse. Ou encore, Sophie aurait pu monter à son étage Promoteur, renvoyer une image d'une collaboratrice directe et professionnelle et utiliser une partie de personnalité « Directeur » avec Paul.

CINQ PARTIES DE PERSONNALITÉ

Ce concept clé de la Process Com prend tout son sens lorsque nous parlons de « communication globale ». Il ne peut pas y avoir de communication verbale sans le non-verbal. La communication non verbale est le langage « muet » du langage verbal.

Lorsque nous communiquons, nous utilisons une partie de personnalité composée d'un ensemble cohérent de comportements verbaux et non verbaux.

Il existe cinq parties de personnalité :

- Protecteur,
- Directeur,
- Ordinateur,
- Réconforteur,
- Émoteur.

Le Protecteur est la partie de personnalité qui nous sert à gérer les situations d'urgence ou à forte tension émotionnelle[1]. Il n'existe pas de corrélation entre cette partie de personnalité et un autre type de personnalité.

Les quatre autres sont utilisées (activées) de manière préférentielle par un type de personnalité de base. Ces parties sont

1. Nous ne développerons pas plus avant cette partie de personnalité dans le présent ouvrage. Voir *Comment leur dire* de Gérard Collignon, InterEditions, 2010 ou *Découvrir la Process Com* de Jérôme Lefeuvre, InterEditions, 2007.

reconnaissables, car elles s'expriment de façon spécifique par les indicateurs suivants :

- le verbal : les mots et le ton de voix ;
- le non-verbal : les gestes, l'attitude corporelle, les expressions du visage.

Lorsque nous observons au moins trois de ces indicateurs, nous pouvons en déduire que la partie de personnalité correspondante est activée.

Voyons en détail les 4 parties de personnalité utilisées dans notre quotidien.

Le Directeur

C'est la partie de personnalité utilisée par le type Promoteur.
Mots : « Dites… », « Faites… », « Racontez-moi ». Des verbes à l'impératif qui impliquent que l'interlocuteur réfléchisse ou agisse.
Ton de voix : ferme, non critique, non menaçant.
Gestes : pratiquement pas.
Attitude corporelle : droite.
Expression du visage : sourcils non relevés ni froncés. Sans expression.

> C'est le cas de Paul qui s'adresse à Sophie : « Asseyez-vous et abordons s'il vous plaît vos résultats trimestriels ».

L'Ordinateur

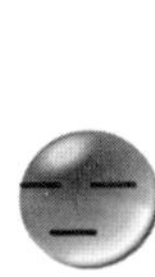

Cette partie de personnalité est utilisée par les types, Rêveur, Travaillomane et Persévérant.
Mots : « Quoi ? », « Voulez-vous… ? », « Est-ce que ? », « Comment ? ». Toute question posée de façon non émotionnelle, non critique.
Ton de voix : neutre.
Gestes : pratiquement pas.
Attitude corporelle : droite, calme.

Expression du visage : attentif.

> Si Sophie avait une base Travaillomane, Paul aurait pu lui dire : « Voulez-vous vous asseoir…, Je vous propose d'aborder vos résultats trimestriels. Voulez-vous bien me commenter vos résultats s'il vous plaît ? ».

Le Réconforteur

C'est la partie de personnalité utilisée par le type Empathique.
Mots : « J'apprécie ta présence », « Tu es important dans ce projet », « Je suis content que tu sois avec nous ».
Ton de voix : doux, gentil, apaisant, qui prend soin de.
Gestes : contact chaleureux.
Attitude corporelle : tournée vers l'autre, ouverte.
Expression du visage : acceptante, chaleureuse, souriante, douce.

> Si Paul avait pris en compte la base Empathique de Sophie, il aurait pu lui dire, avec un ton convivial : « Bonjour Sophie. Vous avez une bien jolie robe aujourd'hui. Je vous offre un café avant d'aborder vos résultats trimestriels ? ». C'est à l'évidence ce que Sophie aurait aimé d'entendre avant de démarrer cet entretien difficile sur le fonds.

L'Émoteur

Cette partie de personnalité est utilisée par le type Rebelle.
Mots : « C'est super », « Génial », « C'est cool », « Fantastique », « J'aime », « J'adore ». Onomatopées.
Ton de voix : haut, énergique, enthousiaste, ludique.
Gestes : animés, vivants.
Attitude corporelle : relâchée, ouverte, fluide, flexible, dégagée, pleine de ressort, tonique.
Expression du visage : rayonnante, vivante, naturelle, yeux brillants.

Si Sophie avait une base Rebelle, Paul aurait pu lui dire sur un ton ludique « Hello Sophie ! On s'offre un café calva avant de nous crêper le chignon concernant vos résultats ! ».

UN AUTRE INDICATEUR : LE « PHOTO-LANGAGE »

En Process Com Image, nous ajoutons un indicateur aux 5 précédents : le style vestimentaire par lequel nous « photo-langageons ». Ce style vestimentaire est élaboré à partir de l'impact :

- de la couleur,
- des matières,
- des formes et motifs.

La couleur nous influence

Chaque couleur correspond à une longueur d'onde différente. Nous réagissons de manière inconsciente à cette vibration que perçoit l'œil en réagissant de façon négative ou positive en fonction de notre héritage passé et de notre culture.

C'est pourquoi les couleurs peuvent influencer notre comportement dans notre vie de tous les jours.

Pour schématiser, lorsque nous visualisons une couleur, deux réactions inconscientes s'opèrent simultanément en nous :

- **Une réaction inconsciente collective.** Depuis des temps reculés, en fonction de son histoire, de sa religion et de sa culture, chaque peuple, chaque nation a construit sa propre symbolique des couleurs en leur attribuant des effets bienfaisants ou malfaisants, bénéfiques ou néfastes. Ne dit-on pas dans le monde occidental : « Le bleu pour les garçons, le rose pour les filles, une colère noire, voir la vie en rose, être blanc comme neige, voir rouge, rire jaune, en faire voir de toutes les couleurs… »
- **Une réaction inconsciente personnelle.** En fonction de notre vécu personnel nous attribuons aux couleurs, un impact positif ou négatif. Une de mes clientes détestait le marine et le bleu ciel. Ces couleurs évoquaient les années passées à l'internat dont elle ne gardait pas un bon souvenir.

Tableau 3.1 : Indicateurs verbaux et non verbaux des parties de personnalité

Partie de personnalité	Gestes	Mots	Expression	Attitude	Ton
Directeur 	Gestes rares qui indiquent et placent fermement les choses.	Dites…, Faites…, Racontez-moi. Ton impératif qui implique que l'interlocuteur réfléchisse ou agisse.	Regard ferme et décidé.	Ancrée	Ferme et non menaçant. Invite à agir.
Ordinateur 	Pas de gestes.	Quoi ? Voulez-vous… ? Est-ce que ? Comment ? Toute question posée de façon non émotionnelle, non critique.	Attentive.	Droite, calme	Neutre.
Réconforteur 	Contact chaleureux.	J'apprécie ta présence. Tu es important dans ce projet. Je suis content que tu sois avec nous.	Acceptante, chaleureuse, souriante, douce.	Tournée vers l'autre, ouverte.	Doux, gentil, apaisant, qui prend soin.
Émoteur 	Gestes animés, vivants.	C'est super, génial, c'est cool, fantastique, j'aime, j'adore. Onomatopées	Rayonnante, vivante, naturelle, yeux brillants.	Relâchée, ouverte, fluide, flexible, dégagée, pleine de ressort, tonique.	Haut, énergique, enthousiaste et ludique.

Nous pourrions ajouter pour certains d'entre nous une **réaction dite de synesthésie**, c'est-à-dire la perception d'une couleur par les sens apparemment étrangers à la vision : le toucher, le goût, l'odorat, toujours selon votre vécu personnel.

Votre plus beau souvenir d'enfance est le jardin de votre grand-mère, les jours d'été. Vous aimiez parcourir les allées de son jardin, sentir les fleurs, surtout les roses rouges dont le parfum envahissait la maison. Ne vous étonnez pas si votre robe préférée est rouge ou que votre cravate porte-bonheur est rouge et si, instantanément, l'odeur des roses s'impose à vous.

La symbolique des couleurs dans la civilisation occidentale

Rappelez-vous que cette symbolique est d'origine collective et inconsciente et qu'en fonction de la culture de chaque peuple, celle-ci peut différer.

Le rouge est la couleur symbole du type Promoteur. Il est le symbole de l'action, de la passion et de la puissance.
Couleur des leaders par excellence, elle aide à parler en public et focalise l'attention de l'auditoire.
Trop de rouge crée des réactions émotionnelles et provoque des poussées d'adrénaline. À porter en petites touches : couleurs de la cravate, foulard, accessoires, sinon gare à votre auditoire.

Le jaune est la couleur symbole du type Rebelle. Il symbolise la joie, l'optimisme, l'imagination. Il facilite le contact avec autrui. Trop de jaune « verdâtre » incite à la méfiance et n'offre pas une image rassurante. À porter en couleur claire, coquille d'œuf, paille.

Le bleu est la couleur symbole du type Travaillomane. Il symbolise la connaissance, le sérieux. Il facilite la transmission du savoir et donne confiance à votre entourage. Trop de bleu attise le besoin de reconnaissance et rend méfiant. Il est un frein à la création. Le bleu marine est l'un des basiques de la garde-robe professionnelle.

L'orange est la couleur symbole du type Empathique. Il symbolise la sociabilité, l'amabilité, la curiosité, le bien-être.

Booster naturel, il stimule la créativité et aide à finaliser un projet. Il n'est pas convenable de porter cette couleur où une image sérieuse ou élégante est de mise.

Le vert symbolise le calme, la solidité et l'équité. Respiration naturelle, il tempère les poussées d'émotion, aide à trouver le calme et incite à la réflexion. Trop de vert est symbole d'entêtement, de domination et peut vous donner un sentiment de frustration.

Le violet est la couleur symbole du type Persévérant. Il symbolise l'obéissance, la spiritualité, le rêve. Il améliore la confiance en soi. Trop de violet peut porter à la mélancolie et est un frein à la communication.

Le rose symbolise les sentiments, la douceur et la tendresse. Trop de rose incite à un élan protecteur de la part de votre entourage. À éviter si vous souhaitez être pris au sérieux. Sinon, la tournée café est pour vous !

Le gris symbolise l'ordre, l'analyse, la rigueur et la neutralité. Anti-stress, il aide à prendre du recul et facilite la médiation. Trop de gris rend transparent et peut évoquer une non-implication.

Le gris, est lui aussi un basique de la garde-robe professionnelle.

Le brun est la couleur symbole du type Rêveur. Il symbolise l'humilité, la solidité, le travail et aide à rester en contact avec la réalité. Trop de marron évoque la solitude et l'enracinement. En cas de besoin, il n'aide pas prendre des décisions rapides. Le marron, couleur de la terre, n'est pas forcément une couleur « acceptable » dans le milieu de la finance ou dans certaines professions du tertiaire. Il tend à s'imposer de nos jours dans la garde-robe professionnelle.

Le noir symbolise l'élégance, la justice et l'autonomie. Trop de noir incite à l'introversion et peut être un frein à la communication. Cette couleur ne convient pas à une tenue professionnelle masculine, sauf dans la publicité, la mode et la beauté.

Le blanc symbolise la pureté, l'innocence, le sacré, la propreté, trop de blanc incite au renoncement et à la soumission. Chemisier, chemise, tee-shirt blancs sont des incontournables.

Vous pouvez utiliser toutes ces couleurs comme un outil de votre communication. Le seul bémol est d'harmoniser celles-ci avec la couleur de vos yeux, de vos cheveux, de votre peau et d'aimer cette couleur ! Rendez-vous au chapitre 4.

Comment faire parler les couleurs

Particularité des contrastes

Les couleurs portées en contraste fort imposent une image forte. *Exemple* : blanc et noir, bleu électrique et jaune.
Les couleurs portées en contraste doux renvoient une image douce. *Exemple* : gris clair et rose pâle, lavande et rose.

Si tout comme les personnalités de type **Travaillomane**, vous souhaitez projeter une image élégante et professionnelle, les tons neutres, gris et marine de préférence, le brun et le noir étant possible dans des situations professionnelles particulières, sont à décliner en une seule famille de couleur. *Exemple :* costume marine, chemise bleu ciel et cravate bleu marine ou tailleur anthracite, chemise perle et foulard anthracite avec motifs gris clair.

Si tout comme les personnalités de type **Persévérant**, vous souhaitez projeter une image traditionnelle et crédible, alliez les tons de neutres (marine, brun, gris foncé) à des couleurs n'offrant pas un grand contraste. *Exemple :* blazer bleu marine, pantalon beige ou veste matelassée vert sapin, jupe à motifs tartan vert sapin-rouge-moutarde.

Si tout comme les personnalités de type **Empathique**, vous souhaitez projeter une image douce et accessible, laissez-vous séduire par les couleurs crémeuses, tendres qui semblent se fondre les unes dans les autres. *Exemple :* robe fond parme à motifs pois lavande. La couleur commune est le violet.

Si tout comme les personnalités de type **Promoteur**, vous souhaitez projeter une image puissante, séductrice, les couleurs riches et profondes s'imposent et se complètent à la fois. *Exemple :* robe violet sombre, escarpin et gants noirs ou costume noir, cravate aubergine.

Si tout comme les personnalités de type **Rebelle**, vous souhaitez projeter une image ludique, osez trois familles de couleurs ensemble. *Exemple :* jupe tartan (violet, jaune, rouge), pull-over violet ou complet bleu nuit, cravate à motifs orange-bleu nuit-jaune poussin.

Si tout comme les personnalités de type **Rêveur**, vous souhaitez ne pas vous exposer et vous recherchez la tranquillité, privilégiez les couleurs naturelles proches de la terre qui semblent se fondre les unes dans les autres. *Exemple :* veste chocolat, t-shirt beige ou tunique noire à motifs discrets gris, jean noir.

> Il est de bon aloi de ne pas porter plus deux familles de couleur ensemble, sauf pour les plus créatifs d'entre nous.

Comment faire parler les matières

Comme les couleurs, la texture, le poids et l'apparence des matières provoquent en nous des sensations et des réactions, qu'elles soient positives ou négatives.

Les matières mates sont discrètes et apportent du sérieux à la tenue. Les matières brillantes s'exposent et apportent un brin de frivolité à la tenue.

Les matières fluides et douces font appel au côté maternel et bienveillant de notre personnalité. Elles aident à assouplir une image trop sévère et incitent à la confidence. Elles sont particulièrement aimées de la personnalité de type Empathique.

Les matières molles font appel à notre besoin de « souffler », elles incitent à la nonchalance et l'introspection. Elles sont particulièrement appréciées de la personnalité de type rêveur.

Les matières souples tout en ayant de la tenue, infroissables et dans des tons mats font appel au côté paternel de notre personnalité. Elles aident à structurer notre image et incitent à l'organisation et au travail. Elles sont appréciées des personnalités de type Travaillomane, Persévérant et Promoteur.

Les matières raides, sèches, brillantes, lourdes font appel à notre besoin de séduire et de montrer notre réussite, elles incitent à nous surexposer. Elles sont appréciées de la personnalité de type Promoteur.

Comment faire parler les formes et motifs

Tout comme les couleurs et les matières, la forme et le motif aident à assouplir ou à dynamiser notre image. Ces lignes et ces formes peuvent être créées par un style de coiffure, une ligne de vêtement, un motif, dans vos bijoux et accessoires.

Les unis projettent une image nette et organisée.

Les lignes droites, les diagonales, les motifs anguleux donnent du dynamisme.

Les motifs ronds apportent de la rondeur et de la souplesse.

> Votre photo-langage devrait respecter vos coloris naturels, votre morphologie, votre poids et taille. Rendez-vous au chapitre 4.

Tableau 3.2 : Faire parler l'image

Assouplir mon image	Dynamiser mon image
Les courbes.	Les lignes droites, les diagonales.
Les couleurs claires, chaudes, crémeuses.	Les couleurs sombres, neutres, froides.
Les tissus fluides, mous.	Les tissus secs, ayant de la tenue.
Les motifs.	Les unis.
Les contrastes doux.	Les contrastes forts.

En fonction des circonstances, de votre milieu professionnel, vous pouvez vous inspirer des styles que nous nous préconisons pour les 6 types de personnalités (tableau 3.3).

Exercice 3.1 : Communiquer par votre image

Votre profession : ✎...................................

Quelle partie de personnalité sollicitez-vous le plus souvent dans le cadre de vos activités professionnelles et pourquoi ?

L'ordinateur ✎ ....

Le directeur ✎ ....

Le réconforteur ✎ ....

L'émoteur ✎ ....

Tableau 3.3 : Le style approprié à votre type de personnalité

Type de personnalité	Message implicite	Milieux professionnels
Travaillomane Très formel	« Je suis compétent »	Ce style peut convenir à des personnes dont la profession nécessite une tenue formelle et organisée. Manager, commercial, cadre dirigeant.
Persévérant Formel à très formel	« Je suis digne de confiance »	Ce style peut convenir à des personnes dont la profession demande une image rassurante, fiable et discrète. Avocat, médecin, DRH, comptable, médiateur, professeur de grande école, dirigeant PMI.
Promoteur Formel pour certains milieux	« Je suis le meilleur »	Ce style peut convenir à des personnes dont la profession demande une image chic. Les milieux de la mode, de la publicité et de la vente de luxe ou de grands comptes. Commercial PAP, trader, directeur commercial, chirurgien esthétique.
Rebelle Anticonformiste	« Je suis créatif et original »	Ce style peut convenir à des personnes dont la profession demande une mode créative et avant-gardiste. Milieu de la beauté, atelier de création, start-up, artiste… Graphiste, communication visuelle, styliste, coiffeur.
Empathique Informel	« J'aime être au service des autres »	Ce style peut convenir à des personnes dont la profession est tournée vers l'aide aux personnes ou dont les fonctions demandent souplesses, adaptabilité et ouverture. Aide à la personne, esthéticienne, commerce de proximité.
Rêveur Informel	« J'ai juste besoin d'être confortable »	Ce style peut convenir à des personnes dont la profession ne nécessite pas une tenue formelle ou n'est pas forcément en contact régulier avec un public. Paysagiste, cultivateur, écrivain, chercheur.

Photo-langage aidant pour exprimer une qualité

Quelles qualités faut-il avoir pour exercer votre profession ?	Quelles harmonies colorées pouvez-vous utiliser ?	Quels contrastes de couleurs pouvez-vous adopter ?	Quelles matières ?	Quelles formes et quels motifs ?	Quel style Process Com Image, pouvez-vous adopter ?
Discrétion					
Empathie					
Écoute					
Efficacité					
Organisation					
Neutralité					
Ouverture					
Digne de confiance					
Créativité					
Dynamisme					
Autre					
…					

4

COMMENT VOUS POUVEZ VOUS EXPRIMER AVEC VOTRE IMAGE

Les formes, les couleurs et votre personnalité

« La mode se démode, le style jamais. »

Coco Chanel

Dans le chapitre précédent, nous vous proposions d'apprendre à mieux communiquer à l'aide des couleurs, des formes et des matières. Votre apprentissage ne serait pas complet, si nous décidions d'occulter vos couleurs personnelles et de votre morphologie.

Les outils que nous vous présentons maintenant vous aideront à découvrir vos basiques colorés, à corriger quelques petits défauts et à vous composer un fond de garde-robe. Ils ne remplacent pas l'avis d'un expert[1].

LA COULEUR ET SES HARMONIES

Les premières recherches explorant la relation entre les couleurs et la personnalité sont celles de l'artiste peintre Johannes Itten de l'école du Bauhaus. En 1928, il est le premier à identifier la relation entre les harmonies préférées, la personnalité et l'apparence de ses élèves. Dans son livre, *L'art de la couleur*, il qualifie ses accords de couleur de subjectifs et fait le

---

1. Pour trouver un consultant(e) en image accrédité(e) par Kahler Communication France, rendez-vous sur le site www.processcom.com.

parallèle avec les harmonies des quatre saisons : printemps, été, automne et hiver.

En 1942, Suzanne Caygill reprend ses travaux et propose soixante-quatre types de personnalités à travers les saisons.

Carole Jackson impose une méthode d'analyse des couleurs personnelles moins complexe et crée la première société commerciale de conseil en image aux État-Unis : Colour Me Beautiful. En 1980, elle publie un livre du même nom qui fait connaître le métier au grand public.

Depuis, des techniques d'analyse de couleurs ont vu le jour et ont été adaptées en fonction des continents. Toutes ces méthodes prennent en considération la couleur des yeux, de la peau et des cheveux et conseillent des harmonies colorées selon une classification bien précise que nous développerons ci-dessous.

En effet, tout comme la mer, la terre, le ciel, les animaux, un tableau de maître… nous sommes « colorés ».

Notre harmonie colorée personnelle est composée de la couleur de notre peau, de nos yeux et de nos cheveux et du contraste entre ces divers éléments. Nous pouvons affirmer qu'elle est unique pour chacun d'entre nous.

Vous pouvez porter toutes les couleurs. Le seul bémol est d'harmoniser celles-ci avec la couleur de vos yeux, de vos cheveux, de votre peau et d'aimer cette couleur !

Afin de déterminer quelles sont les couleurs qui vous mettent en valeur, il est important de comprendre la classification des couleurs et de leurs caractéristiques et de pouvoir faire le lien avec vos couleurs personnelles.

Par exemple, un rouge sombre met en valeur une personne dont les coloris naturels sont à dominante sombre.
Un rouge clair met en valeur une personne dont les coloris naturels sont à dominante claire.

La classification des couleurs

Il existe plusieurs systèmes de « classement » des couleurs de ceux de Platon à ceux de Goethe en passant par ceux de Young et Newton. Les systèmes innovants sont :

- le cercle chromatique de Michel Eugène Chevreul (1786-1889), chimiste et directeur de la manufacture des Gobelins ;
- celui d'Albert Henry Munsell (1858-1918), peintre américain qui présente un ordre objectif en leur attribuant 3 paramètres : *hue* (ton), *value* (indice de clarté ou valeur) et *chroma* (degré de saturation).

Ce dernier permet une traduction de tous les autres systèmes existants[1]. Il est le système le plus répandu à ce jour.

Le cercle chromatique

Le cercle chromatique est organisé avec les couleurs primaires (bleu, jaune, rouge), les couleurs secondaires (vert, orange, violet) et les couleurs tertiaires ou intermédiaires :

- Les couleurs primaires ne peuvent s'obtenir avec aucune association de couleurs. C'est à partir d'elles que sont formées toutes les autres couleurs.
- Les couleurs secondaires sont constituées d'un mélange de 2 couleurs primaires à parts égales :

bleu + jaune = vert
jaune + rouge = orange
rouge + bleu = violet

- Les couleurs tertiaires ou intermédiaires sont composées d'une couleur primaire et d'une couleur secondaire à parts égales et consécutives sur le cercle chromatique.

Les tonalités de ces couleurs peuvent être modifiées d'une couleur à l'autre en ajoutant des quantités variables de leur tonalité voisine. Vous pouvez ainsi créer un nombre presque infini de couleurs de tonalités différentes.

1. Pour plus de détails, consulter le site sur la classification des couleurs http://www.colorsystem.com.

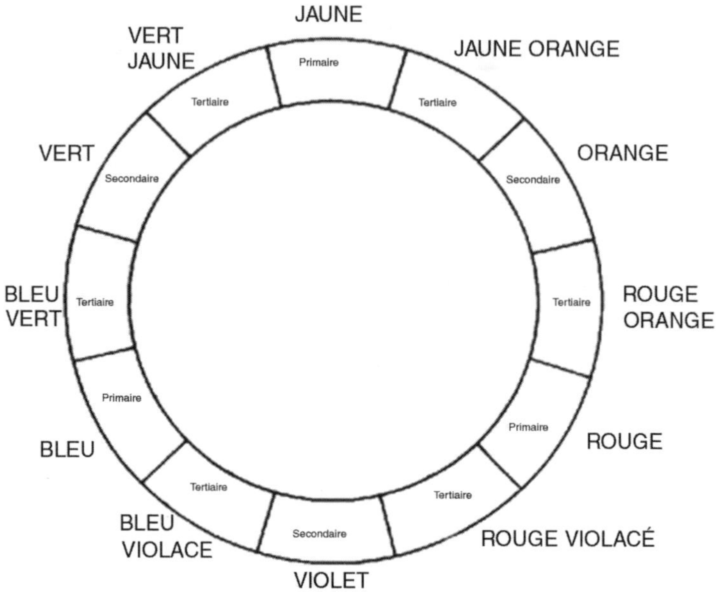

Figure 4.1 : Arrangement des couleurs sur le cercle chromatique

Le ton (hue)

Tons ou sous-tons des couleurs allant du froid au chaud.

Pour refroidir une couleur, on ajoute du bleu. Les couleurs dites froides sont : violet, violet bleuté, bleu cyan, vert bleuté, vert, jaune verdâtre.

Pour réchauffer une couleur, on ajoute du jaune. Les couleurs dites chaudes sont : jaune, jaune orangé, orange, rouge orangé, rouge magenta, rouge violacé.

Corrélation avec les coloris humains :

- Une personne dont les cheveux sont cendrés, les yeux gris et la peau rosée peut être mise en valeur par les couleurs froides ou les sous-tons bleutés.
- Une personne dont les cheveux sont dorés, les yeux noisette et la peau abricot a toutes les chances d'être mise en valeur par les couleurs chaudes ou les sous-tons jaune.

Exercice 4.1 : Découvrir les couleurs

Matériel : pinceau, palette pour mélanger la couleur, tubes de peinture (bleu, vert, rouge, jaune).

Refroidir une couleur chaude avec des sous-tons de bleu

Consigne : dans le premier cadre à gauche, déposer soit du rouge soit du jaune. Sur une palette, intégrer à cette couleur un peu de bleu et peindre le deuxième carré avec ce mélange, puis ainsi de suite en ajoutant de plus en plus de bleu.

Réchauffer une couleur froide avec des sous-tons de jaune

Dans le premier cadre, déposer soit du bleu soit du vert, sur une palette. Mélanger à cette couleur un peu de jaune et peindre le deuxième carré avec ce mélange, puis ainsi de suite en ajoutant de plus en plus de jaune.

La valeur (value)

Couleur allant du clair au sombre.

Pour éclaircir une couleur, on ajoute du blanc ou de l'eau selon l'effet voulu.

Pour assombrir cette même couleur, on ajoute du noir.

Corrélation avec les coloris humains :

- Une personne dont les cheveux sont noirs, les yeux marron et la peau mate à toutes les chances d'être mise en valeur par des couleurs sombres.
- À l'inverse, une personne dont les cheveux sont blonds, les yeux bleus clairs et la peau claire gagne à être mise en valeur par des couleurs claires.

Exercice 4.2 : Assombrir ou éclaircir une couleur

Matériel : pinceau, palette pour mélanger la couleur, tubes de peinture (bleu, vert, rouge, jaune).

Assombrir une couleur en ajoutant du noir

Consigne : dans le premier cadre à gauche, déposer la couleur de votre choix. Sur une palette intégrer à cette couleur un peu de noir et peindre le deuxième carré avec ce mélange, puis, ainsi de suite en ajoutant de plus en plus de noir.

Éclaircir une couleur en ajoutant du blanc

Consigne : dans le premier cadre, déposer la couleur de votre choix. Sur une palette mélanger à cette couleur un peu de blanc et peindre le deuxième carré avec ce mélange, puis, ainsi de suite en ajoutant de plus en plus de blanc.

Le degré de saturation (chroma)

Couleurs allant du rompu au vif.

Pour ternir une couleur, on ajoute soit du gris, du brun ou sa complémentaire, selon l'effet voulu.

Les couleurs vives sont des couleurs sans mélange, c'est-à-dire saturées de leur propre couleur.

Corrélation avec les coloris humains :

- Une personne dont les cheveux sont blancs, les yeux bleus et très clairs, la peau avec des imperfections a tout intérêt à adopter des couleurs adoucies.
- Une personne dont les cheveux sont noirs, les yeux bleus brillants, la peau blanche a toutes les chances d'être mise en valeur par des couleurs vives.

Exercice 4.3 : Ternir une couleur

Matériel : pinceau, palette pour mélanger la couleur, tubes de peinture (bleu, vert, rouge, jaune, gris (noir + blanc).

Ternir une couleur en ajoutant du gris

Consigne : dans le premier cadre à gauche, déposer la couleur de votre choix. Sur une palette ? intégrer à cette couleur un peu gris et peindre le deuxième carré avec ce mélange, puis ainsi de suite en ajoutant de plus en plus de gris.

La caractéristique dominante

Les couleurs peuvent avoir une caractéristique dominante, puis une seconde caractéristique, puis peut-être une troisième. Exemple : sombre dominant puis chaud et en dernier adouci.

Corrélation avec les coloris humains : s'il existe une caractéristique dominante, nous devons utiliser en priorité celle-ci dans la couleur de nos vêtements, accessoires, teintures des cheveux, maquillage :

- Une personne dont la peau est claire, les yeux sont clairs et les cheveux clairs a tout intérêt à utiliser les couleurs claires des palettes colorées.
- À l'opposé une personne dont la peau est sombre, les yeux sombres et les cheveux sombres est mise en valeur par les couleurs sombres des palettes colorées.

DÉTERMINEZ VOS COULEURS DE BASE

Une façon simple d'identifier votre harmonie personnelle est d'opposer le sombre au clair, de déterminer le contraste peau/cheveux/yeux et d'évaluer si le chaud ou le froid sont importants. Bien entendu, rien ne remplace le diagnostic chez un professionnel.

Exercice 4.4 : Découvrir vos coloris naturels

Vos couleurs sont-elles à dominante sombre, dominante claire ou tout simplement entre les deux, médium ?

Consigne : prenez une photo de vous et observez la couleur de vos cheveux, de vos yeux et votre contraste. En fonction de vos observations, cochez dans les tableaux ci-dessous, les valeurs qui s'en rapprochent le plus. Si vous ne parvenez pas à déterminer le sombre ou clair, vos coloris se situent certainement dans la colonne médium.

Couleurs de vos cheveux naturels

Sombre	Médium	Plutôt clair
❑ Noir	❑ Châtain moyen	❑ Blond foncé
❑ Brun	❑ Châtain clair	❑ Blond moyen
❑ Châtain foncé	❑ Gris	❑ Blond clair
❑ Roux sombre	❑ Poivre et sel	❑ Roux clair
= sombre	= médium	= clair

Couleurs de vos yeux

Sombre	Médium	Clair
❑ Noir	❑ Marron clair	❑ Bleu clair
❑ Brun	❑ Noisette	❑ Bleu vert / bleu gris
❑ Marron foncé	❑ Kaki	❑ Vert clair
	❑ Gris	❑ Gris clair
= sombre	= médium	= clair

L'œil peut être considéré noir ou brun, lorsqu'il ne contient pas de paillettes à l'intérieur.

Le contraste entre vos cheveux et votre peau

Contraste faible	Contraste médium	Contraste fort
Même hauteur de ton entre les yeux la peau et les cheveux.	Même hauteur de ton entre la peau et les cheveux. Les yeux sont plus foncés.	Cheveux très foncés et la peau très claire.

Les cheveux et la peau sont-ils de même hauteur de ton ou de hauteur de ton différent ?

Le niveau de ton des yeux n'est à prendre en considération que lorsqu'il est différent de la tonalité des cheveux et de la peau.

Attention, pour certains d'entre nous, le chaud ou le froid peuvent être importants voir dominants.

Exercice 4.5 : Tester le chaud et le froid

Posez une étoffe gris anthracite sur une épaule et un gris chaud sur l'autre épaule.

Vous pouvez aussi poser votre photo portrait sur un fond gris froid ou un fond gris chaud.

- Si vos couleurs sont à **dominante froide**, une couleur d'un gris pur sera plus flatteuse, illuminera votre visage, les rides et les marques sembleront s'estomper par magie. Le contour de votre visage sera plus net. *Autres repères :* les tons rosés de la peau, les reflets cendrés, bleutés dans les cheveux, les yeux bleus, vert, gris sont des signes de froideur.
- Si vos couleurs sont à **dominante chaude**, une couleur gris chaud sera plus flatteuse, illuminera votre visage, les rides et les marques sembleront s'estomper par magie. Le contour de votre visage sera plus net. *Autres repères :* Les taches de rousseur, les reflets dorés ou cuivrés dans les cheveux, les yeux vert-jaune, noisette orangé sont des signes de chaleur.

Si vous avez encore des difficultés à déterminer le froid et le chaud, recherchez et entourez sur la figure 4.2 vos principaux coloris.

Vous avez entouré les caractéristiques (cheveux, yeux, peau) à gauche du cercle, le froid est votre première caractéristique.

À l'inverse vous avez une majorité de couleurs à droite du cercle, le chaud est votre première caractéristique.

Vous avez entouré à gauche et à droite, ne tenez pas compte du chaud ou du froid dans le choix de vos couleurs.

Exercice 4.6 : Résumer vos observations

J'ai la peau..........................

J'ai les yeux.........................

Mon contraste est :....................

Je dois tenir compte du ....

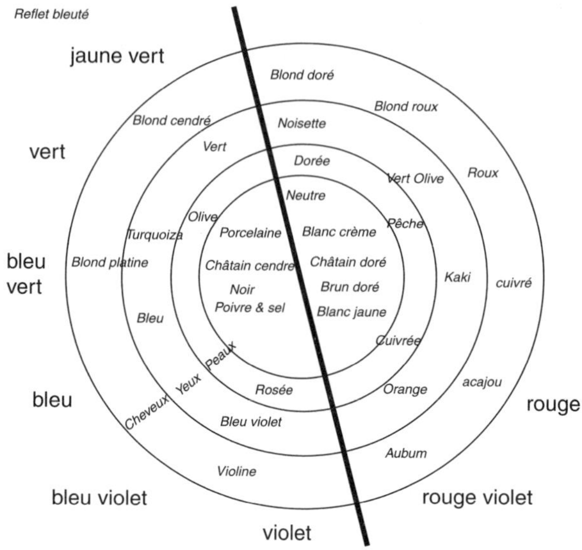

Figure 4.2 : Ordre des couleurs yeux-cheveux-peau sur la roue des couleurs

Caractéristiques à dominante claire

Mes cheveux	Ma peau	Mes yeux	Je suis
Clairs	Claire	Clairs	J'ai trois clairs. Ma dominante est claire

❑ Contraste faible	❑ Contraste médium	❑ Contraste fort

Mes yeux, ma peau, mes cheveux sont chauds ❑ Donc important	Mes yeux, ma peau mes cheveux sont froids ❑ Donc important

Vous avez coché cheveux, yeux et peau claire et contraste fort :

- Préférez les couleurs claires que vous porterez en contraste moyennement fort.
- Vos meilleurs neutres : marine, gris clair franc, café, taupe claire.
- Votre meilleur blanc : blanc moyen.
- Vos accessoires et bijoux : clairs à finition brillante, mélange or et argenté.

Vous avez coché cheveux, yeux et peau claire et contraste médium :

- Préférez les couleurs claires que vous porterez en contraste médium.
- Vos meilleurs neutres : marine clair, gris franc moyen, cacao.
- Votre meilleur blanc : blanc moyen.
- Vos accessoires et bijoux : clairs de finition mate, mélange or et argenté.

Vous avez coché cheveux, yeux et peau claire et contraste faible.

- Préférez les couleurs claires que vous porterez en contraste faible à médium.
- Vos meilleurs neutres : marine clair, gris moyen, camel.
- Votre meilleur blanc : écru.
- Vos accessoires et bijoux : clairs à finition mate.

Le chaud est important : les couleurs claires chaudes, les bruns, les rouges chauds, le blanc ivoire, l'or.

Le froid est important : les couleurs claires froides, rouge froid, blanc rosé, argent.

Caractéristiques à dominante sombre

Vos cheveux	Votre peau	Vos yeux	Je suis
Sombre	Sombre	Sombre	J'ai trois sombres. Ma dominante est sombre.

❑ Faible	❑ Médium	❑ Fort

Mes yeux, ma peau, mes cheveux sont chauds. ❑ Donc important.	Mes yeux, ma peau mes cheveux sont froids. ❑ Donc important.

Vous avez coché cheveux, yeux, peau sombre et votre contraste est fort :

- Préférez les couleurs profondes que vous porterez en contraste fort à très fort.

- Vos meilleurs neutres : noir, marine nuit, gris anthracite, chocolat.
- Votre meilleur blanc : blanc pur.
- Vos accessoires et bijoux : mat.

Vous avez coché cheveux, yeux et peau sombres et contraste médium :

- Préférez les couleurs profondes que vous porterez en contraste moyen à fort.
- Vos meilleurs neutres : noir, gris charbon, brun sombre.
- Votre meilleur blanc : blanc cassé.
- Vos accessoires et bijoux : mats ou mélange mat et brillant.

Vous avez coché cheveux, yeux, peau médium et contraste faible :

- Préférez les couleurs profondes que vous porterez en contraste médium à faible.
- Vos meilleurs neutres : noir, chocolat, marine grisé.
- Votre meilleur blanc : blanc cassé.
- Vos accessoires et bijoux : mats sombres.

Le chaud est important : les bruns chauds, les rouges orangés, le blanc ivoire, l'or.

Le froid est important : les marines, les rouges bleutés, le blanc rosé, l'argent.

Sans caractéristiques dominantes

Vos cheveux	Votre peau	Vos yeux	Je suis
Médium ……………	Médium …………..	Médium …………..	J'ai trois médiums. Ma dominante est médium ou un mélange du sombre, clair.

Mes yeux, ma peau, mes cheveux sont chauds ❑ Donc important.	Mes yeux, ma peau mes cheveux sont froids. ❑ Donc important.

Si vous êtes médium ou que vous avez coché à la fois dans le clair, le sombre ou le médium vous opterez :

- pour les couleurs ni trop sombres ou ni trop claires de toutes les palettes que vous porterez en contraste médium quelle que soit la température de votre peau.

Le chaud est important :

- Vos meilleurs neutres : chocolat, brun moyen, gris poivre.
- Votre meilleur blanc : blanc cassé, thé.
- Vos accessoires et bijoux : mats et dorés.

Le froid est important :

- Vos meilleurs neutres : marin clair, brun rosé, gris bleuté, gris souris.
- Votre meilleur blanc : blanc cassé, blanc rosé.
- Vos accessoires et bijoux : mats et argentés.

EXPLOITEZ VOS COULEURS

Votre garde-robe devrait contenir :

- Des **neutres** : brun, gris, marine, noir. Ils s'associent avec toutes les couleurs et deviennent incontournables lorsqu'il s'agit de se composer une image formelle (veste, tailleur, costume, pantalon, manteau, jupe, robe, accessoires en cuir).

Repère : votre meilleur neutre est celui qui s'harmonise avec vos cheveux ou de vos yeux.

- Des articles **blancs** : chemises, chemisiers, tops, tee-shirts.

Repère : un blanc ne doit pas faire paraître les dents jaunes quand vous souriez et ne doit pas ternir le regard !

- Des **accents** : les jaunes, les bleus, les oranges, les verts, les violets, les roses, les rouges. Ils rehaussent un neutre et se retrouvent dans les petites pièces (chemises, chemisiers, cravates, foulards) ou s'invitent dans la garde-robe de tous les jours (veste, pantalons, jupes, robes, etc.). Pour un degré de formalité élevé, ils se déclinent en tonalités claires (tops, chemises, chemisiers). Jaune paille, bleu layette, tilleul, dragée, saumon, lavande, perle, sable…

Repère : ces couleurs doivent vous donner bonne mine, estomper les marques du temps et les imperfections (bouton, barbe, cicatrice) et dynamiser le bas de votre visage.

Particularité du rouge à lèvres : rien n'est plus laid que de porter le « mauvais » ton qui peut faire paraître vulgaire, durcir les traits ou vieillir. Nous vous suggérons d'utiliser un rouge qui se confond avec la couleur de vos lèvres, même si celui-ci ne correspond pas vraiment à vos couleurs naturelles.

Une garde-robe est harmonieuse lorsque les vêtements qui la composent s'harmonisent avec nos couleurs naturelles, notre physique et notre type de personnalité.

DÉTERMINEZ VOTRE MORPHOLOGIE

Notre visage, notre silhouette, nos proportions corporelles et nos petits défauts font de nous une personne unique. Lorsque que nous choisissons un style de coiffure, une ligne de vêtement, un motif, une matière, un accessoire ou un bijou, nous pouvons faire en sorte d'harmoniser, d'équilibrer ou pourquoi pas d'accentuer nos particularités physiques.

Pour y parvenir, nous devons jouer avec notre cerveau en nous aidant des illusions d'optique.

Les illusions d'optique

Les illusions d'optiques sont une interprétation fausse que fait notre cerveau lorsque nous regardons une ligne, une forme ou une couleur qui ont été disposées d'une certaine façon. Elles peuvent être créées à l'aide :

- des lignes géométriques ;
- des couleurs ;
- des points de focalisations ;

- des volumes/proportions ;
- des matières.

Les effets d'optiques des lignes

La ligne verticale allonge

Notre œil balaye la silhouette de bas en haut (de la tête vers les pieds) et ensuite de bas en haut (des pieds vers la tête). Lorsqu'il ne rencontre aucun obstacle, il effectue un balayage vertical sans fin d'où l'impression qu'une ligne verticale allonge la silhouette.

Pour paraître plus grand(e), plus mince, allonger certaines parties de votre corps, il suffit d'intégrer de la verticalité dans les vêtements.

La ligne horizontale élargit

Si notre œil rencontre un obstacle, il va s'arrêter et effectuera à ce moment un balayage d'un côté à un autre, donnant l'illusion qu'une ligne horizontale coupe la silhouette.

Pour paraître plus petit(e), ou donner plus d'importance à certaines parties de votre corps, intégrer de l'horizontalité dans les vêtements.

Pour gommer une imperfection, la ligne horizontale doit être placée avant ou après, mais jamais sur l'imperfection.

La diagonale

La ligne suivant une diagonale et selon son inclinaison oblige notre œil à effectuer un balayage de biais soit « presque vertical » soit « presque horizontal ».

Plus la diagonale est longue et que le balayage est vertical, plus l'œil allonge.

Plus la diagonale est courte et que le balayage est horizontal, plus l'œil à tendance à élargir le volume.

Elle a aussi le pouvoir de masquer les défauts et de dynamiser la silhouette.

La courbe

La courbe n'offre pas de résistance à l'œil. Le balayage est plus doux et peut affiner une silhouette ronde de façon harmonieuse. (nous parlons bien de lignes, mais pas de motifs).

Exercice 4.7 : Les effets d'optique

Vous avez besoin d'un crayon, d'une règle, de crayons de couleur, d'un catalogue de vente par correspondance de l'année en cours.

Les effets de ligne

Dessiner des lignes de façon à élargir un buste

Découper dans le catalogue, une veste dont le motif reproduit cet effet de ligne.

Dessiner des lignes de façon à allonger un buste.

Découper dans le catalogue, une veste dont le motif reproduit cet effet de ligne.

Les effets des couleurs

- Le **contraste** entre le clair et le sombre. Les couleurs claires sont comme projetées avant et ont un effet grossissant. Les couleurs sombres reculent et donc ont un effet amincissant.
- La **température** suggestive des couleurs. Les couleurs froides sous tons bleus se rétractent et semblent donner moins de volume. Bleu, violet, vert bleuté. Les couleurs chaudes sous tons jaunes se dilatent et semblent donner du volume. Rouge, orange, jaune.
- La tonalité : couleurs allant du rompu au vif. Les couleurs vives dégagent plus de volume et ont un pouvoir grossissant. Les couleurs rompues dégagent moins de volume et ont un pouvoir amincissant.

> ***Repère suggestif de l'effet froid et chaud***
>
> La mer est bleue : j'ai froid lorsque je mets le pied dans l'eau.
> Le soleil est jaune : j'ai chaud quand je me prélasse au soleil.

Exercice 4.8 : Les effets de la couleur

Vous avez besoin d'un crayon, d'une règle, de crayons de couleur, d'un catalogue de vente par correspondance de l'année en cours.

Effet clair-sombre

Allonger le buste et diminuer la longueur des jambes.

Découpez dans le catalogue, une tenue qui reproduit ces effets par le clair et le sombre.

Effet chaud-froid

Apporter plus de la largeur au buste et donner plus de hauteur à la jambe.

Découpez dans le catalogue, une tenue qui reproduit ces effets par le clair et le sombre.

Les points de focalisation

Pour accentuer ou attirer l'œil sur certaines parties du visage ou du corps, le point de focalisation est une bonne solution.

Il permet d'attirer le regard sur les points positifs et détourne l'œil des points négatifs.

Ces points peuvent être créés par un détail du vêtement, un accessoire, un bijou, une couleur, un motif…

Exercice 4.9 : Le point de focalisation

Vous avez besoin d'un catalogue de vente par correspondance de l'année en cours.

Attirer le regard vers l'épaule	Attirer le regard à la taille	Attirer le regard sur la cuisse

Les volumes/proportions

Un gros point entouré de petits points semble plus gros. À l'inverse, un gros point entouré de points de même dimension semble plus petit. En fonction la taille, du poids, il faut tenir compte de cet effet d'optique dans le choix des dimensions des détails vestimentaires, des accessoires, des motifs et des coiffures.

Exemple : je suis très grande, mon poids est raisonnable. Je choisis des boucles d'oreilles, une montre et un sac à main de grande taille.

Une personne dont la tête semble petite par rapport à son corps aura tout intérêt à équilibrer le haut avec le bas. Elle évitera d'attacher très fermement ses cheveux et préférera à un volume médium à grand en fonction de ses proportions.

Les motifs et les imprimés

De la taille des personnes dépend la grandeur du motif. La forme des motifs doit logiquement suivre la texture du tissu. Les grands motifs s'opposent aux petits motifs par le volume qu'ils occupent dans l'espace :

- grossissant : une rayure large, de gros pois ;
- amincissant : une rayure fine, de petits pois.

Les tissus ou matières

Les tissus ont une épaisseur, un poids et une luminosité. Il est préférable de choisir un tissu qui est le juste équilibre entre le poids/taille/ossature.

Exemple : Un tissu épais pourrait convenir pour un homme mesurant plus de 1,80 m et dont le poids n'est pas un problème.

Les tissus peuvent aider à équilibrer certains endroits de notre corps soit en utilisant des épaisseurs différentes, soit en utilisant différentes luminosités.

- Les tissus mats se rétractent, donc affinent ou cachent.
- Les tissus brillants s'étalent, donc élargissent ou montrent.

Exemple : Le haut de mon corps est très fin et le bas de mon corps est très fort. Pour créer l'équilibre, j'étoffe le haut avec une matière plus épaisse et j'opte pour une matière dont l'épaisseur correspond au bas de mon corps.

Une personne dont le buste est long portera une veste confectionnée avec un tissu mat et l'associera avec une jupe dont la matière est satinée.

Choix des tissus en fonction de l'ossature :

- Petite ossature = fins à moyens.
- Ossature moyenne = moyens.
- Ossature forte = moyens à lourds.

Exercice 4.10 : Les effets des matières mates et brillantes

Vous avez besoin d'un catalogue de vente par correspondance.

Effet clair-sombre

Découper dans le catalogue un vêtement dont le tissu semble élargir.

Découper dans le catalogue, un vêtement dont le tissu ne semble pas grossir.

Tableau 4.1 : Jouer avec les effets

Grossir, accentuer, montrer, élargir	Mincir, minimiser, cacher, allonger
Lignes horizontales	Lignes verticales
Couleurs claires	Couleurs sombres
Couleurs chaudes	Couleurs froides
Couleurs vives	Couleurs ternes
Les motifs	Les unis
Tissus brillants, satinés	Tissus mats

OBSERVEZ VOS PROPORTIONS

Avant d'appliquer ces règles, il est nécessaire d'évaluer vos proportions[1].

Nous parlons ici de **proportions visuelles** et non pas du canon grec donnant les proportions dites « harmonieuses » d'un corps.

L'observation visuelle, c'est-à-dire sans mesurer, permet de repérer facilement le ou les déséquilibres « qui sautent aux yeux » et pour lesquels vous estimeriez devoir apporter une correction. Nous vous recommandons de focaliser votre attention sur le déséquilibre le plus important pour vous.

La **taille** en centimètre : visuellement, une personne peut paraître de taille différente de sa taille réelle. Tout dépend de son ossature et de son poids.

Le **cadre du visage** (tête) : on observe la largeur et l'espace qui l'occupe par rapport à la largeur des épaules, des hanches et de la silhouette en général.

Une petite tête sur une silhouette imposante mérite une coiffure plus volumineuse. À l'inverse, une grosse tête sur une silhouette fluette mérite une coiffure permettant l'équilibre tête/poids/taille.

Les **éléments qui composent un visage** : on observe la forme du cadre, sourcils, yeux, joues, maxillaires, bouches. Présentent-elles des courbes, des droites ou un mélange des deux ?

La façon la plus simple de mettre en valeur votre visage, c'est de reproduire ses lignes générales dans la forme des bijoux, des motifs d'un foulard, d'un motif de cravate, des lunettes, des encolures et de la coiffure.

Le **maxillaire** ou bas de votre visage : on observe la ligne qu'il dessine. Est-il dans la ligne, dans la courbe ?

Les encolures et cols peuvent suivre la ligne du maxillaire. Attention si des corrections doivent être apportées, il n'est pas

1. Les parties spécifiques aux femmes et aux hommes sont traitées dans le guide pratique, annexes 1 et 2.

conseillé de répéter sa forme. Dans ce cas, les encolures ou les cols devront venir estomper cette ligne.

Exemple : le bas de votre visage est rond et atone. Souvenez-vous que la ligne droite ou la diagonale apportent du dynamisme.

Le **cou** : on observe sa largeur, sa hauteur. Semble-t-il loin de vos épaules ou près de vos épaules ?

Les hauteurs de cols doivent être ajustées en fonction de sa forme, surtout chez les messieurs.

Les **épaules** : on observe la largeur par rapport au tour de taille et la ligne qu'elles suivent de la naissance du cou à l'arête des épaules. Positionner une règle à la naissance du cou et observer l'écart entre l'arête de la règle et la fin de l'épaule :

- L'espace entre la règle et votre épaule paraît très large, vos épaules sont tombantes.
- L'espace est petit, vos épaules sont très droites ou carrées.

Autre repère : lorsque vous portez un sac en bandoulière, devez-vous toujours le remonter sur votre épaule ? Si oui, vous avez certainement l'épaule tombante.

Le **bras** : on observe la longueur et la position du coude par rapport à la taille :

- Le coude est plus haut que la taille, les bras sont longs.
- Le coude est plus bas que la taille, les bras sont courts.

Autre repère : lorsque vous essayez une veste, les manches sont-elles toujours trop grandes ou trop petites ?

Le **buste** : on observe sa longueur par rapport à la longueur des jambes.

Autre repère : le pantalon taille basse ne trompe pas. Passez-le et observez-vous dans un miroir. Votre buste semble plus long que vos jambes, il est vraisemblablement long et inversement votre buste semble disparaître, il est peut-être court !

Les **jambes** : on observe la longueur par rapport à la hauteur du buste.

Autre repère : votre buste disparaît lorsque que vous portez un pantalon taille haute, vos jambes sont probablement très grandes.

Exercice 4.11 : Découvrir vos proportions visuelles

Prenez deux photos de vous :

Un portrait – visage de face et dégagé – sans sourire. Attachez vos cheveux si nécessaire, mais sans trop tirer les cheveux en arrière.

Une photo en pied de vous en maillot de bain de face et de côté.

Munissez-vous d'un feutre et d'une règle.

Pour le visage :

À l'aide de votre feutre, surligner son contour de la naissance des cheveux au menton.

Pour la photo en pied :

1. Notez ce que vous n'aimez pas ou ce que vous aimeriez équilibrer dans votre silhouette.
2. Remplissez la fiche d'analyse visuelle – annexe 1 pour vous madame et annexe 2 pour vous monsieur.
   Il est très difficile d'être objectif avec soi-même. Demandez de l'aide à votre entourage en prenant soin de masquer votre visage. Les réponses seront d'autant plus franches.
3. Pour ceux qui aiment les chiffres
   Vous pouvez calculer vos proportions exactes. Aidez-vous de la figure 4.3. Simplement, rappelez-vous que c'est le visuel qui est le plus important.

Les repères sont ceux du canon grec, le plus simple à calculer. La hauteur de votre tête représente 1/8 de la hauteur du corps. Il y a 8 têtes dans un corps.

Donc si vous mesurez 1,70 m, la hauteur de votre tête est de :

1,70 / 8 = 21,25 cm.

Ma tête mesure donc 21,25 cm (haut de la tête au bout du menton).

En dessous, elle est petite, au-dessus elle est longue.

Le tronc mesure donc 63,75 cm (du menton à la région pubienne).

En dessous, il est petit, au-dessus il est long.

Les jambes mesurent donc 85 cm (région pubienne aux chevilles).

En dessous, elles sont petites, au-dessus elles sont longues.

Rendez-vous ensuite en annexe 1 pour vous madame et annexe 2 pour vous monsieur.

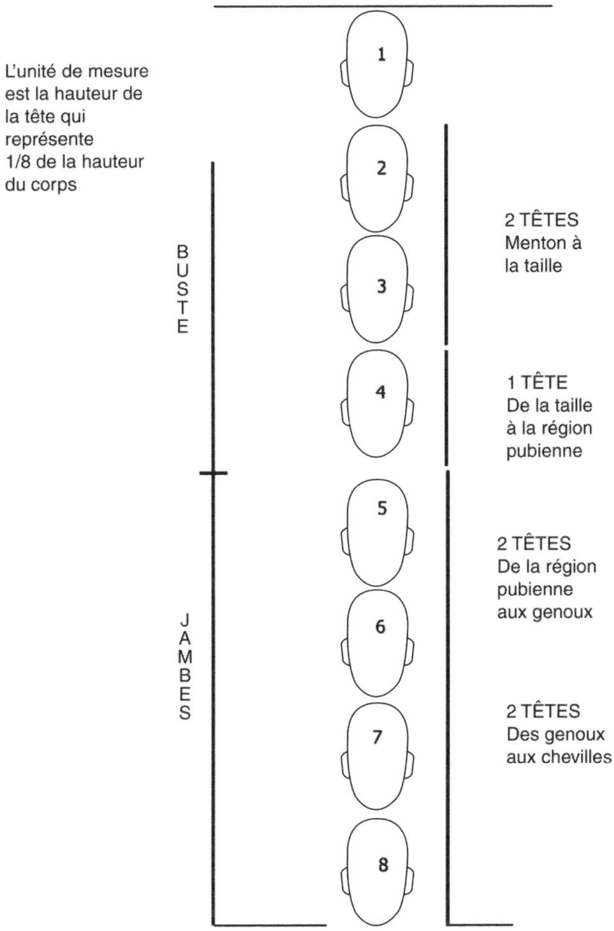

Figure 4.3 : Proportions idéales selon le canon grec : le canon grec compte 7 têtes pour le corps ; nos figurines comportent 1/2 tête de plus.

5

COMMENT ORGANISER VOTRE GARDE-ROBE ET BIEN ACHETER

Dis-moi comment tu ranges, je te dirai qui tu es !

La première fois que j'ai vu Paul, il était vêtu d'un blouson en jean, tee-shirt bleu, avec un énorme « Pas touche ! » sur la poitrine. Il se trouvait trop vieux pour ce type de vêtement et avait envie de structurer son image, mais ne souhaitait pas faire « homme d'affaires »... mais pourquoi pas de temps en temps ?
Avant de nous ruer dans les boutiques, je propose à Paul de trier son vestiaire et de revenir avec sa liste d'achats.
La semaine d'après, Paul arrive souriant. Il est vêtu d'une veste en velours noir, d'un pull col roulé et d'un jean. Il a pris soin de choisir des accessoires branchés, mais sobres. Arborant un large sourire, il dit « C'est génial, en triant mes vêtements, j'ai pu trouver un look qui me convient. Ma liste d'achats est donc très limitée, j'ai juste besoin d'acheter des t-shirts, des chemises moins voyantes et une veste et pantalon qui pourrait me servir de costume ! »

Selon vous, quelle est la base et la phase actuelle de Paul ?

La garde-robe est l'endroit le plus révélateur de notre personnalité. Elle peut être organisée ou chaotique, regorger de vêtements ou encore colorée, voire être composée de vêtements donnés.

Dans tous les cas, elle raconte notre personnalité à l'imparfait et au présent.

L'imparfait est composé des vêtements portés à un moment de notre vie et qui ne correspondent plus à nos besoins du moment. Ceci pourrait, selon nous, correspondre à des phases vécues.

Le présent peut ressembler aux besoins psychologiques de notre base, de notre phase actuelle et peut-être de la caractéristique secondaire juste au-dessus de celle-ci.

LA COMPOSITION FONDAMENTALE DE LA GARDE-ROBE

Le fond de la garde-robe se retrouverait en général, selon nous, dans le style de la base : pantalons, jupes, robes, manteaux, costumes, tailleurs…

Les accents, accessoires, les vêtements tendances pourraient, selon notre hypothèse, être d'inspiration de la phase actuelle et de l'étage juste au-dessus de celle-ci : chemises, chemisiers, sacs à main, chaussures…

Si d'autres caractéristiques secondaires de votre immeuble vous semblent importantes à prendre en compte, nous vous suggérons d'ajouter une à deux pièces vestimentaires.

Trier sa garde-robe, c'est se donner la permission d'évoluer et de se créer un style personnel unique et original.

Exercice 5.1 : Trier la garde-robe de tous les jours

Sortez un à un vos vêtements et vos accessoires et composez 3 piles.

Pile « Imparfait »

Était-ce un goût antérieur ? Nous pourrions faire l'hypothèse que cela renvoie à une phase vécue. *(Ceci reste à démontrer par une étude statistique.)*

Sans aucun remords : À jeter ! À donner ! Ou à revendre !

Les vieilleries

Les « trop portés »

Les « assez vu »

Les mauvaises couleurs

Les usagés

Le délavé

Les mauvais souvenirs

Pile « Présent »

Nous faisons l'hypothèse que ceci correspondrait à la base et à la phase actuelle… Et peut-être à la première caractéristique secondaire

au-dessus de la phase actuelle. *(Ceci reste à démontrer par une étude statistique.)*
À remettre dans la garde-robe
Le bon style
Les bonnes couleurs
La bonne coupe
La bonne taille
La bonne forme
Les derniers achats

Pile « Je ne sais pas »

En attente au grenier !
Et si vous les oubliez, mettez-les dans la pile « imparfait »
Jamais portés
Le cadeau de papa, maman, mari, épouse ou des enfants
Les vêtements « bons souvenirs »
Les vêtements « peut-être que oui, peut être que non »
Le trop grand
Le trop petit
Les vêtements que l'on espère remettre après une cure d'amaigrissement

La pile « **Je ne sais pas** ». Nul n'est parfait(e) ! Placez ces vêtements dans un carton ou des housses en plastique loin de votre vue. Si au bout d'un an, le carton est resté fermé, ne l'ouvrez pas, les Petites Sœurs des Pauvres seront ravies de pouvoir les offrir aux plus démunis.

La pile « **Imparfait** » pourra être donnée, jetée, ou vendue et pourquoi ne pas échanger vos vêtements lors d'une réunion entre copains et copines ?

La pile « **Présent** » reprendra sa place dans votre garde-robe.

Voici quelques conseils qui vous aideront à organiser de façon harmonieuse et très pratique votre penderie.

ORGANISER SA GARDE-ROBE

Nous vous suggérons d'avoir une « vue panoramique » de vos vêtements. Vous pourrez ainsi, d'un seul coup d'œil, créer selon votre imagination ou selon vos activités, la tenue idéale du jour.

Un vêtement par cintre, vous éviterez ainsi de perdre du temps en évitant le repassage de dernière minute. Un emplacement pour chaque chose :

- les vestes,
- les pantalons/ jupes/robes,
- les chemises ou chemisiers,
- les tops : tee-shirts et pull-over,
- les vêtements de sport,
- les accessoires (sacs, ceintures, cravates, montres, lunettes),
- les chaussures.

Replacer la pile « **Présent** » en prenant soin de vérifier :

- les ourlets et les coutures (si défaits : à recoudre),
- les boutons manquants (à remplacer),
- les taches (à donner au pressing ou à nettoyer),
- la propreté des chaussures et des talons (à nettoyer ou à faire réparer chez le cordonnier).

La pile « Présent » peut vous paraître un peu vide. Si c'est le cas, nous vous donnons rendez-vous au paragraphe suivant !

ORGANISER SON SHOPPING

Fanny aime faire son shopping avec ses copines. Les grands magasins sont leurs lieux préférés. Elles y trouvent de tout et peuvent se promener de rayon en rayon. Elles s'imprègnent de nouveaux parfums, elles se maquillent et passent des moments interminables dans la cabine d'essayage. La journée bien remplie, elles se rendent au salon de thé du magasin et dégustent un gâteau bien mérité. Les bras chargés de paquets, elles se font un bisou et se quittent avec un peu de tristesse jusqu'au mois prochain !

Évaluer les déséquilibres

Avant de faire un shopping, il nous semble important d'évaluer les « déséquilibres » possibles. Selon notre type de personnalité, nous avons tendance à privilégier un style de vêtement plutôt qu'un autre.

Une personnalité de type **Travaillomane** aura peut-être tendance à privilégier les tailleurs ou les costumes et à négliger les tenues de week-end ou de loisirs.

Conseil : si c'est le cas, nous vous proposons l'option d'acheter des tenues plus confortables, tout en leur gardant de la structure.

Une personnalité de type **Empathique** aura sans doute tendance à privilégier les tenues douces et de couleurs claires, mais à négliger les tenues plus professionnelles, telles que le costume ou le tailleur.

Conseil : si c'est le cas, nous vous proposons de prendre soin de vous, en vous offrant un vêtement plus « structuré ».

Une personnalité de type **Rebelle** aura tendance à privilégier les tenues informelles et à faire peu de cas de son activité professionnelle.

Conseil : que diriez-vous de vous surprendre avec une tenue plus « acceptable », tout en lui gardant une pointe de fantaisie ?

Une personnalité de type **Persévérant** aura tendance à privilégier les vêtements qui durent dans le temps et à négliger les tenues plus actuelles ou « tendance ».

Conseil : Si c'est le cas, notre avis est de focaliser vos achats sur des tenues intemporelles et unies, tout en leur gardant un style classique et de bon goût.

Une personnalité de type **Promoteur** aura tendance à privilégier les vêtements chics et à négliger des tenues plus simples et discrètes.

Conseil : Si c'est le cas, achetez des tenues plus discrètes tout en privilégiant les marques !

Une personnalité de type **Rêveur** aura tendance à rechercher la simplicité et la discrétion dans ses tenues professionnelles et personnelles.

Conseil : prenez un temps de réflexion et axez vos achats sur des tenues plus structurées, tout leur gardant simplicité et confort.

Établir une liste d'achat vestimentaire

Il est temps d'établir une liste des achats prioritaires. Nous vous suggérons de prendre votre temps ; évitez la précipitation, une garde-robe[1] s'étudie : couleurs, formes, etc.

Pour créer une garde-robe de base, utilisez votre meilleur « neutre » comme point de départ. Les neutres sont les bruns, les marines, les gris et le noir.

Ouvrez votre penderie (que vous avez triée) et évaluez les achats qui vous semblent prioritaires.

Exercice 5.2 : Établir la liste des achats prioritaires

N'oubliez pas de tenir compte du style vestimentaire de votre base de personnalité et de votre phase actuelle.

Aidez-vous des styles que vous avez découpés lors de l'exercice 2.1 ainsi que de votre inventaire de personnalité pour les accessoires à introduire en petit nombre.

❑ J'ai besoin de privilégier mes tenues professionnelles
❑ J'ai besoin de privilégier des tenues décontractées
❑ Les deux
❑ J'ai besoin d'accessoires correspondant à chacun des étages de mon inventaire de personnalité.

CHOISIR SON MAGASIN EN FONCTION DE SON TYPE DE PERSONNALITÉ

La matrice d'identification (figure 5.1) va vous aider à choisir « l'environnement », le magasin ou la boutique qui convient à votre type de personnalité de base.

Les 2 axes de la matrice

L'axe des buts et des objectifs

Une personne orientée « **déclencheurs internes** » aura tendance à se fixer elle-même un but ou un objectif. Par

1. Vous trouverez un exemple de garde-robe minimum en annexe 1 pour vous Madame et en annexe 2 pour vous Monsieur.

exemple, lorsqu'elle entre dans un magasin, elle a déjà une idée sur ce qu'elle veut acheter. Il se peut qu'elle ait déjà effectué une reconnaissance dans plusieurs magasins pour un « pré choix » ou une analyse comparative ! Elle entre donc dans la boutique et se rend directement au rayon dans lequel elle projette de faire son achat. Si le vendeur lui propose de l'aide ou un conseil, elle répondra probablement par la négative ou lui formulera directement sa demande : « Je cherche un pantalon noir en taille 38 ». En résumé, une personne orientée « déclencheurs internes » prendra l'initiative de son achat vestimentaire.

Une personne orientée « **déclencheurs externes** » sera motivée « par l'extérieur » : par exemple, son conjoint ou son conseil en image lui aura donné une « directive » d'aller s'acheter un nouveau complet bleu foncé. C'est aussi la personne qui se balade dans un magasin sans idée précise d'achat, qui s'arrête au rayon des vestes en cuir et qui va réagir aux propositions du vendeur avec des termes tels que « Oui ça me plaît » ou « Non, ça ne me plaît pas du tout ». Ce sera souvent un achat « coup de cœur » : c'est cette superbe veste en cuir rouge qui aura déclenché l'achat, au grand dam du compte en banque pas assez pourvu ! Enfin, cela peut être aussi cette femme qui n'avait pas de projet d'achat, mais qui saisit l'opportunité d'acheter ce superbe tailleur de marque, car celui-ci est en promotion de fin de saison.

En résumé, une personne orientée « déclencheurs externes » procédera à un achat vestimentaire déclenché par une stimulation externe.

L'axe des relations

Une personne « **en retrait** » de la relation est « introvertie », réfléchie, et orientée sur « la tache à accomplir », c'est-à-dire sur le produit de son achat. Elle sera par exemple peu sensible à la gentillesse et aux compliments sincères de la vendeuse de type Empathique, ou irritée par l'insistance commerciale du vendeur de type Promoteur.

Une personne « **engagée** » dans la relation est « extra-vertie », réactive et sensible aux aspects relationnels d'une vente. Par exemple, c'est quelqu'un qui appréciera un vendeur attentif, souriant et chaleureux ou encore réactif, dynamique avec le sens de l'humour.

Nos 6 types de personnalité se positionneront de la manière suivante sur la matrice de la figure 5.1.

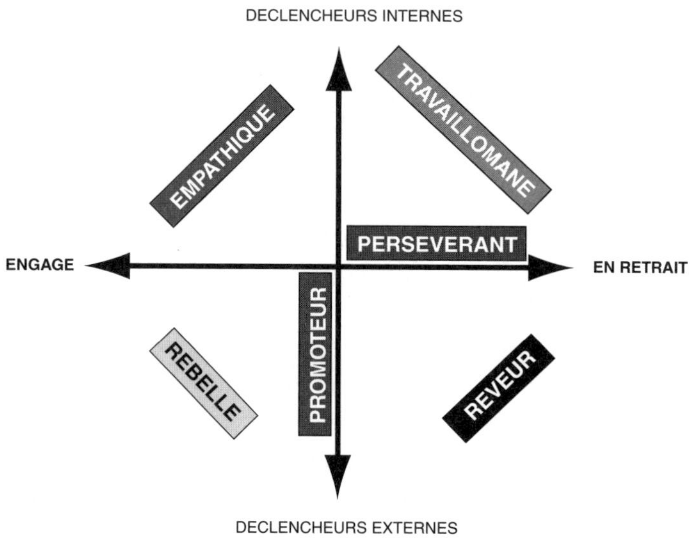

Figure 5.1 : La matrice des types de personnalité

Identifier le magasin qui vous convient

Grâce à votre inventaire de personnalité, vous avez identifié votre base ; voici quelques conseils pratiques pour choisir votre magasin et vous y sentir à l'aise :

- Repérez le magasin qui correspond à votre type de personnalité et faites en sorte de disposer d'une journée dans la semaine (évitez les jours de cohue !).
- Votre tenue du jour tiendra compte des achats envisagés. Il est recommandé pour les basiques d'acheter les accessoires assortis le même jour.

Base Empathique

Nous vous suggérons de faire vos achats seul(e) et ce, afin d'éviter le risque de ne pas savoir dire « non » à la personne qui vous accompagne et qui vous conseillera d'acheter un vêtement qui, au fond, ne vous plaît pas vraiment. Qu'importe la taille du magasin, l'endroit se doit d'être accueillant et l'atmosphère conviviale. Les boudoirs boutiques sont à privilégier !

Base Travaillomane

Nous vous suggérons de faire vos achats seul dans un quartier où les magasins que vous recherchez seront regroupés. Si vous disposez de peu de temps, vous avez l'option de vous faire accompagner par un conseil « *personnel shopper* » qui connaît très bien l'organisation du magasin et qui pourra vous proposer un style en fonction de votre objectif. Si votre budget le permet, le « sur mesure » est une solution. Vous pourrez ainsi sélectionner la coupe, la matière, la forme, la couleur qui vous donneront cette image professionnelle qui contribuera à votre réussite.

Base Persévérant

Vous avez une opinion sur ce qui est important de porter comme vêtement pour être en cohérence avec vos valeurs fondamentales. Nous nous suggérons de choisir un ou plusieurs magasins spécialisés, de bon goût, en faisant une première reconnaissance : regardez la vitrine, entrez dans le magasin et observez la façon dont le vendeur conseille la clientèle. Si l'endroit vous inspire confiance, vous pourrez revenir et acheter ce qui vous convient.

Base Rêveur

Préférez une petite boutique à un grand magasin. Vous serez souvent seul(e) avec le vendeur et vous pourrez prendre le temps de choisir le vêtement fait pour vous.

Si nécessaire, faites-vous accompagner par une personne qui vous aidera à choisir. Une boutique d'achat en ligne peut être une alternative !

Base Promoteur

Inscrivez-vous à un show room privé. Vous recevrez des invitations privées et vous vous verrez proposer des vêtements et accessoires de marque à des prix défiant toute concurrence.

Base Rebelle

Et si vous vous amusiez en fréquentant des endroits bobo chic ou les boutiques créatives ! Vous pourrez ainsi, créer votre propre style et laisser libre cours à votre créativité en customisant le tee-shirt ou la veste que vous venez de vous offrir.

Bien acheter

Afin d'éviter, les déceptions arrivées à la maison, nous vous conseillons d'essayer les vêtements en cabine et d'effectuer quelques petits contrôles.

Essayer le vêtement

Regarder de profil, de face :

- Vous devriez vous sentir à l'aise et vos mouvements ne doivent pas être entravés.
- Le vêtement ne doit pas laisser apparaître vos sous-vêtements.
- Le tombant doit être parfait.
- Vous devez pouvoir boutonner une veste, un manteau facilement et l'arête des épaules devrait dépasser légèrement de celles-ci.
- Les manches devraient être ni trop courtes ni trop longues. Lorsque vous pliez vos bras, les poignets des manches doivent se retrouver au niveau de l'os du poignet.

- Les passants de la ceinture doivent être de qualité et pas seulement un fil.
- Les boutons lorsqu'ils sont fermés ne doivent pas tirailler aux boutonnières.
- Les pinces d'un pantalon ou d'une jupe doivent rester à plat.
- Les poches d'un pantalon ne doivent pas s'ouvrir, la jambe du pantalon ne doit pas faire de pli aux cuisses.
- Vérifier que vos jambes de pantalon ne sont pas trop courtes ni trop longues.
- Vous devriez pouvoir passer une main à plat entre votre abdomen et votre ceinture de pantalon ou de jupe.

Vérifier la qualité d'un vêtement

- Le tissu ne doit pas se froisser facilement sauf pour le lin.
- Les coutures doivent être solides.
- Les fermetures éclair doivent se fermer et s'ouvrir facilement.
- Les revers de col ne doivent pas être mous.
- Les doublures ne doivent pas être cousues avec le vêtement.
- Les ourlets doivent être invisibles et réguliers.
- Les boutons doivent être fixés solidement.
- Les boutonnières doivent être surpiquées.
- Les boutons se doivent d'être en nacre.
- Si vous optez pour une rayure tennis, des carreaux ou un motif. Les lignes doivent coïncider au niveau des coutures.

Astuce shopping

Photographiez les principales pièces de votre garde-robe et composez-vous, avec ces photos, un livret que vous prendrez soin d'avoir toujours sur vous. Lors d'un achat, inspirez-vous de son contenu, vous pourrez vous faire plaisir, tout en choisissant le top, la chemise, la cravate, le foulard, les chaussures, les accessoires s'accordant en priorité avec les pièces que vous possédez déjà.

6

DU BON LOOK AU BON COMPORTEMENT

Étiquette et savoir-vivre en entreprise et ailleurs

« L'éducation consiste
à nous donner des idées,
et la bonne éducation
à les mettre en proportion. »

Montesquieu

Marie est directrice de la société « Lumière en or », laquelle a le projet d'étendre ses activités au Japon ; pour ce faire, elle reçoit un investisseur potentiel, venu spécialement du pays du soleil levant pour la rencontrer.
Monsieur Ichiro Suzuki, très ponctuel conformément à ses valeurs, se présente à l'heure exacte au bureau de Marie. Comme à son habitude Marie est en retard. Elle entre précipitamment dans son bureau, tend une main franche à son interlocuteur et, le regardant droit dans les yeux, lui explique sur un ton ludique que la circulation parisienne est devenue un « casse-tête chinois » ! Marie prend la carte que lui tend Ichiro Suzuki, le remercie en lui faisant un clin d'œil ludique, et sans la regarder, la glisse dans sa poche.
La présentation sur PowerPoint de Marie est créative et dynamique, ses prévisions de développement sur le marché japonais sont précises et fiables. Monsieur Ichiro Suzuki félicite Marie pour son professionnalisme et reprend l'avion, avec le point de vue que Marie a encore beaucoup à apprendre sur les affaires nipponnes, et que même si le projet est digne d'intérêt, l'incorrection de Marie l'a choqué profondément

LE SAVOIR-VIVRE EN ENTREPRISE

L'« étiquette » en entreprise est un ensemble de codes et de comportements sociaux préétablis et bien ancrés. Nous y rajouterons aussi des règles de vie en société respectant la personne dans son intégralité.

Les grands principes à respecter sont :

- le respect de soi ;
- le respect de l'autre ;
- le savoir-vivre.

Le respect de soi : être honnête avec soi-même !

La plus élémentaire des politesses consiste à montrer à son interlocuteur que nous le respectons ; c'est pour cette raison que nous nous devons être attentifs à notre apparence, à notre hygiène, à notre communication et aussi avoir de l'estime de soi et de nos origines culturelles. Une allure négligée, une hygiène personnelle laissant à désirer, un ourlet défait, un débit de parole trop rapide, une poignée de main molle ou un bonjour « à la va vite » sont des signaux non verbaux qui semblent dire que nous attachons peu d'importance à notre présentation.

Inconsciemment, nous faisons passer à notre interlocuteur le message implicite que si nous ne nous respectons pas nous-mêmes, nous pouvons ne pas respecter notre entourage ou nos collaborateurs.

Le respect de l'autre : accepter sa différence !

En notre présence, faisons en sorte que notre interlocuteur se sente écouté, compris, accepté dans son intégralité et qu'il est digne d'intérêt. Rappelons-nous un principe fort de la méthode Process Com : « *Nous entendons avec la base* ». Par conséquent, faisons en sorte de nous adresser à la base de notre interlocuteur en lui offrant le bon canal de communication et en utilisant le vocabulaire de sa perception.

Notre apparence se doit d'être discrète, notre communication audible, nos mots sélectionnés avec soin, nos gestes mesurés et notre sourire d'être un vrai sourire.

Le savoir-vivre : je ne suis pas seul(e) sur une île déserte !

Se montrer poli et aimable n'a jamais fait de mal à personne, bien au contraire. Un ton courtois, un geste prévenant, une formule polie aident à la communication et forcent le respect de nos interlocuteurs.
Rappelons quelques évidences… parfois oubliées :

- Les trois mots magiques et indispensables, même pour les plus pressés : « bonjour, merci, au revoir ».
- Les trois mots suivants à ajouter aux précédents sont parfois oubliés : « Madame, Mademoiselle ou Monsieur ».
- Les trois formules à offrir avec plaisir et qui donnent de vous une image courtoise : « Je suis ravi(e) de faire votre connaissance » ; « Encore merci de m'avoir écouté » ; « Au plaisir de vous revoir ».

Vous vous êtes arrêtés aux trois mots magiques. Vous trouverez dans ce chapitre des situations concrètes évoquant les situations les plus courantes en entreprise.

Vous vous êtes arrêtés aux six mots clés, vous trouverez dans ce chapitre, l'art et la manière d'allier la parole aux gestes.

Vous utilisez l'ensemble de ces règles, dans ce chapitre vous découvrirez, au travers du modèle Process Com, qu'un savoir-vivre n'est pas dissociable d'un savoir-dire et d'un savoir-être.

ÊTRE REÇU : RÉUSSIR UN ENTRETIEN PROFESSIONNEL

Les jours d'avant ou la veille

En fonction de l'image que vous souhaitez projeter, préparez avec grand soin votre tenue vestimentaire.

Les éléments suivants sont à prendre en considération :

- le vêtement doit vous aller comme gant, vous devez être libre de vos mouvements et vos sous-vêtements doivent être invisibles ;
- le style du vêtement est actuel mais pas victime de la mode ;
- les motifs seront suggérés mais pas imposés ;
- le costume ou le tailleur est choisi dans votre meilleure couleur neutre, son tombé est impeccable et la matière de qualité ;
- la chemise ou le top sont plus claires que le vêtement principal ;
- les chaussures (cirées), la ceinture et tout autre accessoire sont en cuir.

Vérifiez les ourlets, la propreté du vêtement, les odeurs qu'ils dégagent.

Particularité au féminin

Maquillage discret de rigueur !
Les femmes en pantalons ne sont plus des « OVNIS », il est pourtant encore bien vu de se présenter en jupe lorsqu'il s'agit d'un entretien très formel. Sa longueur doit être raisonnable.
Évitez de vous présenter « bras nus ». Il est préférable de porter, même en été, un petit cardigan ou une veste légère.
Les mules ou les sandales ouvertes sont à proscrire.

Prenez grand soin de votre hygiène personnelle :

- cheveux fraîchement coupés ;
- couleur et racines des cheveux impeccables ;
- mains manucurées et ongles polis ;
- sourire éclatant ;
- poils épilés, oreilles, nez, lèvres, jambes, bras.

Préparez les documents ou les accessoires indispensables au bon déroulé de l'entretien :

- CV (pour un entretien d'embauche) ;
- plaquette (évitez les documents écornés !) ;

- cartes de visite ;
- devis bien présenté ;
- tarifs (à jour !) ;
- stylo (évitez le stylo publicitaire récupéré dans un hôtel !) ;
- bloc-notes.

Collectez sur Internet des informations sur l'entreprise de votre interlocuteur, vous montrerez ainsi votre intérêt pour elle et vous pourrez demander des informations complémentaires.

Si vous ne connaissez pas l'endroit où vous devez vous rendre, effectuez le trajet avant le jour de votre rendez-vous. Repérez le parking.

Vous évitez le stress de dernière minute.

Le jour J, souriez, vous êtes attendu(e)s !

Vérifier votre tenue dans le miroir avant de partir.

Évitez de vous noyer de votre parfum préféré. Rappelez-vous qu'un parfum est une préférence personnelle qui n'est pas forcément partagée par votre entourage.

Soyez ponctuel(le) c'est « la politesse des rois ». Si vous avez un contretemps, n'hésitez pas à prévenir de votre retard :

- La personne de type Empathique appréciera votre délicatesse.
- La personne de type Travaillomane sera informée, s'organisera et profitera sans doute de ce moment pour passer un coup de fil ou répondre à quelques mails prioritaires.
- La personne de type Persévérant jugera que vous la respectez.
- La personne de type Promoteur repérera votre assurance et votre sens de l'action.
- La personne de type Rebelle, pas toujours ponctuelle, sera à l'heure grâce à vous !
- La personne de type Rêveur prendra du temps pour souffler entre deux rendez-vous.

Le rendez-vous commence dès que vous avez franchi la porte de l'entreprise ou celle de votre interlocuteur.

Arborez un visage cordial, un regard franc et de face.

La salle d'attente

Saluez les personnes présentes dans la salle.

Ne tournez pas le dos à ces mêmes personnes même si celles-ci sont des concurrents potentiels.

Préférez feuilleter les documentations sur l'entreprise que votre dernier journal *L'automobile de l'homme moderne* ou *Modes pour nanas branchées*. Vous montrerez ainsi de l'intérêt pour l'entreprise que vous visitez.

La prise de contact

Coupez votre téléphone mobile !

Arborez un visage cordial, un regard franc et de face.

Le savoir-vivre impose que l'on tende la main à la personne reçue.

Votre gestuelle : le langage des gestes

Votre poignée de main se doit d'être franche, énergique, sans broyer celle de votre interlocuteur ni l'indisposer pour sa mollesse ou sa moiteur.

- La personne de type Empathique n'apprécie pas la poignée de main style « *exercice de musculation* ». Une assurance conquérante peut générer chez elle un ressenti négatif. Une poignée de main trop rapide lui donnera une impression de sécheresse relationnelle, avec l'intuition d'avoir face à elle une personne froide et distante.
- La personne de type Travaillomane n'apprécie pas la poignée de main inconsistante, car elle pourrait analyser que vous manquez de dynamisme.
- La personne de type Persévérant n'appréciera sans doute pas la poignée de main « *du bout des doigts* », car il pourrait croire que vous manquez de franchise. La poignée de main trop insistante ou trop chaleureuse pourrait être jugée comme un excès de familiarité.

- La personne de type Promoteur percevra la poignée de main molle comme de la faiblesse.
- La personne de type Rebelle n'aimera sans doute pas la poignée de main brève et ferme, en ressentant alors que vous êtes rigide et pas drôle au premier contact.
- La personne de type Rêveur n'aime pas la poignée de main trop chaleureuse, il pourra imaginer alors que vous êtes du genre « collant », menaçant ainsi son espace vital.

Dans le bureau de votre interlocuteur

- Ne vous asseyez pas sans y avoir été invité(e).
- Installez-vous confortablement sur votre siège, sans vous avachir (vous n'êtes pas chez des amis) ni rester les fesses au bord de la chaise (vous n'êtes pas convoqué chez le proviseur d'un lycée !).
- Ne laissez pas penser à votre interlocuteur que vous manquez d'assurance ou que vous êtes stressé en vous grattant le dos de la main, le nez, les jambes ou les cheveux ou en mâchouillant nerveusement votre stylo.
- Ne tirez pas constamment sur vos manches, votre jupe, vos chaussettes. De toute façon, c'est inutile, car vous avez bien sélectionné vos vêtements la veille.
- Ne croisez pas les jambes, surtout vous Mesdames !
- Pensez aux « territoires ». Ne posez pas vos affaires sur le bureau de votre interlocuteur, notamment de type Persévérant !

L'entretien : utiliser la bonne perception

Chaque type de personnalité a sa manière de percevoir une situation. Ces perceptions peuvent être appréhendées à travers les mots qu'emploie notre interlocuteur, en particulier les verbes. Son langage nous donnera à la fois de nouvelles clés pour identifier son type de Personnalité et une information particulière sur la meilleure façon de communiquer avec lui pour établir un rapport positif et une compréhension mutuelle.

Utiliser ces perceptions revient à **appuyer sur le bon levier** qui ouvre la porte à la communication. Rappelons-nous : « Nous entendons avec la base ». Or Taibi Kahler, nous apprend que les « *perceptions sont le noyau de la base* ».

Pour illustrer ce concept opérationnel, prenons l'exemple des 6 types de personnalité qui sortent d'une réunion avec Paul, leur manager, et qui s'expriment chacun avec leur perception spécifique :

> – *« Je me suis senti à l'aise pendant cette réunion. L'ambiance était conviviale et propice à des échanges authentiques. Je sens que Paul est très sensible à ce que nous ressentons concernant le plan d'action de l'année prochaine… »*
> – *« Cette réunion a été particulièrement efficace. Les informations données par Paul étaient claires et synthétiques, ce qui m'a permis d'analyser le plan d'action 2010 et de comparer les options à notre disposition… »*
> – *« Je suis convaincu que la stratégie présentée par Paul est pertinente pour la réussite du plan d'action 2010. J'ai confiance en l'implication de chacun… »*
> – *« Cette réunion m'a permis d'imaginer les champs des possibles avec le plan d'action présenté par Paul… Je vais prendre du recul… et calmement dessiner le plan d'action de mon service… »*
> – *« Paul sait y faire ! Droit au but pour le plan d'action 2010. Nous sommes allés à l'essentiel et je suis prêt à relever le défi !… »*
> – *« J'ai adoré cette réunion ! Paul est cool comme d'habitude, on ne se prend pas la tête avec des chiffres toute la réunion. J'ai aimé le brainstorming pour des idées nouvelles et originales !… »*

Tableau 6.1 : Utiliser la perception appropriée

Types	Perceptions	Basez votre vocabulaire sur
Empathique	Émotions	Les ressentis
Travaillomane	Pensées	Les faits et la logique
Persévérant	Opinions	Les convictions, les valeurs
Rêveur	Imagination	L'incitation à l'action
Rebelle	Réactions	L'humour/La complicité
Promoteur	Actions	L'action

Éviter les malentendus

Une des sources de malentendus les plus fréquentes vient du fait que nous utilisons pour communiquer un langage qui peut ne pas être « perçu » clairement par notre interlocuteur.

Voici un exemple de « mal entendu » :

> – *Fabrice, peux-tu me donner ton analyse sur la réunion avec notre client ?* (type Travaillomane)
> – *Hein ?.... Que faut-il que je te dise ?* (type Rebelle)
> – *Ma question est pourtant claire. Quelle est ton analyse des différentes options présentées ?*
> – *Ben... J'ai adoré ! C'est créatif, original...*
> – *Tu ne réponds pas à ma question...*

Nous constatons ici que le type Travaillomane recherche un échange basé sur la pensée factuelle et logique, alors que son collègue de type Rebelle est centré sur la zone « Réactions ».

Quelques conseils pratiques

Voici maintenant quelques conseils pratiques, par exemple en situation d'entretien d'embauche

Si votre interlocuteur est de type **Empathique**, vous pourrez partager avec lui, sur un mode convivial, vos qualités humaines et relationnelles. Avec un type de personnalité **Travaillomane**, nous vous suggérons de décrire de manière factuelle vos compétences et votre expérience. Avec un interlocuteur de type **Persévérant**, vous pourrez baser votre échange sur la confiance et les valeurs (la déontologie, l'éthique). Face à une personne de type **Rêveur**, vous pourrez tranquillement voir la situation dans son ensemble, en imaginant les champs du possible. Avec un interlocuteur de type **Promoteur**, mettez en avant votre sens de l'action et votre goût du challenge ! Enfin, avec une personne de type **Rebelle**, amusez-vous à baser vos échanges dynamiques et réactifs sur l'humour et la complicité, tout en montrant votre créativité.

Quelques conseils encore, si vous le voulez bien :

Si vous êtes de type **Empathique**, nous vous invitons à garder confiance en vous face à un interlocuteur que vous sentez froid et distant. Sachez vous affirmer, dire « non » et défendre vos intérêts en demandant ce dont vous avez besoin.

Si vous êtes de personnalité **Travaillomane**, assumez le fait de ne pas avoir été le « premier de la classe » et évitez les termes trop techniques (sauf si c'est le moment) ; n'inondez pas d'informations votre interlocuteur.

Si vous êtes de personnalité **Persévérant**, acceptez une critique de votre interlocuteur, elle peut vous aider à vous améliorer. Ne vous focalisez pas sur ce qui ne va pas chez votre interlocuteur !

Si vous êtes de personnalité **Rêveur**, vous savez attendre la question et c'est un atout. Votre réponse précise et pondérée gagnera à être mise en valeur par du tonus dans votre voix.

Si vous êtes de personnalité **Promoteur**, prenez le temps d'écouter et répondez de manière simple. Trop d'assurance dans le discours pourrait faire penser que vous avez un ego démesuré.

Si vous êtes de personnalité **Rebelle**, évitez un débit trop rapide et de répondre trop spontanément (ne dit-on pas tourner cinq fois sa langue dans sa bouche avant de répondre !) ! Sachez où sont les limites de l'humour et ne basculez pas dans l'ironie…

Terminons par quelques suggestions adaptées à tous les types de personnalité :

- C'est votre interlocuteur qui met fin à l'entretien.
- Remerciez-le et surtout n'oubliez pas de lui demander dans quels délais vous pouvez espérer une réponse.

Après votre entretien

Saluez au passage la secrétaire, l'hôtesse…

Pensez à votre comportement jusqu'à ce que vous soyez arrivée au coin de la rue ou même jusqu'à votre voiture.

RECEVOIR AU BUREAU : L'ENTRETIEN « ONE TO ONE »

La prise de contact est importante, elle donne le ton à l'entretien.

Levez-vous pour accueillir votre visiteur, il appréciera votre courtoisie.

Prenez le temps de lui tendre la main en arborant un vrai sourire et un regard franc.

Le savoir-vivre suggère que l'on tende la main à la personne reçue.

Votre bureau

Le bureau est comme la garde-robe, il dévoile qui vous êtes. Votre visiteur se forgera une opinion de vous, vraie ou fausse, dès son entrée dans les lieux. Il vous faut garder à l'esprit que votre visiteur n'est pas forcément « câblé » comme vous et que sa perception de ce qui est convenable de faire ou de ne pas faire n'est donc pas forcément la vôtre.

Votre bureau doit permettre des échanges à la fois professionnels et confortables.

Pour sourire, voici quelques caricatures !

Les personnalités de type **Empathique** prendront soin par exemple de ne pas envahir leur bureau avec des photos de leurs tendres chérubins ou avec des cartes postales de vacances de leurs collègues ou encore avec des objets trop personnels. Votre visiteur pourrait se sentir gêné (par exemple, une personne de type Travaillomane ou Persévérant ne mélange pas vie professionnelle et vie personnelle) ou invité à aborder des sujets autres que professionnels (notamment si c'est une personne de type Empathique !).

Les personnalités de type **Travaillomane** veilleront par exemple à offrir une boisson à leur interlocuteur avant de parler « boulot ». Prendre soin de l'autre est également important dans les échanges professionnels.

Les personnalités de type **Persévérant** pourront par exemple recevoir leur visiteur autour d'une table ronde. Cette disposition permettra des échanges moins formels et plus conviviaux.

Les personnalités de type **Rêveur**, la veille de leur rendez-vous, pourront préparer les documents dont elles auront besoin et veilleront par exemple à changer le bouquet fané et à retirer le diffuseur d'huile essentielle dont le parfum pourrait incommoder leur visiteur.

Les personnalités de type **Promoteur** pourront par exemple retirer leurs trophées gagnés à un tournoi de golf ou ôter la photo prise avec un homme politique en vue, dont les opinions sont différentes de celles de leur interlocuteur.

Les personnalités de type **Rebelle** auront pris soin de retirer les Post-It fluos et créatifs de la dernière réunion et veilleront à ranger les quelques gadgets drôles posés sur leur ordinateur.

L'entretien par lui-même

Coupez votre portable et/ou faites un renvoi d'appel sur le poste de votre assistante ou d'un collègue.

Si un appel urgent venait interrompre la conversation, présentez vos excuses et soyez bref. Prévenez la personne qui vous appelle que vous n'êtes pas seul(e) dans votre bureau et que si la conservation devait durer, il serait préférable de convenir d'un rendez-vous téléphonique.

Pour plus de confort, annoncez le temps consacrez à cet entretien (les personnes de type Travaillomane apprécieront particulièrement !).

Écoutez attentivement votre visiteur, sans lui couper la parole. Vous pourrez vous pencher légèrement vers votre interlocuteur, acquiescez discrètement de la tête pour montrer l'intérêt que vous portez à la conversation ou aux documents qu'il a préparés à votre attention.

Conclure l'entretien

C'est de votre responsabilité de mettre fin à l'entretien de façon courtoise. Voici quelques conseils particulièrement importants pour conclure votre entretien de manière motivante pour votre interlocuteur, et ce, en vous basant sur la satisfaction de ses besoins psychologiques.

Si votre interlocuteur est de type personnalité **Empathique**, il appréciera d'être reconnu en tant que personne, sous la forme d'un au revoir souriant et chaleureux :

> « Je vous remercie d'être venue jusqu'à moi, j'ai beaucoup apprécié notre échange. Je reprends contact avec vous par téléphone dès la semaine prochaine. Je vous raccompagne jusqu'à l'ascenseur. J'aurai grand plaisir à vous revoir, Madame Latour. »

Attendez que les portes de l'ascenseur se ferment avant de regagner votre bureau.

Si votre interlocuteur est de type personnalité **Travaillomane**, basez votre fin d'entretien en lui donnant de la reconnaissance pour son professionnalisme et son besoin de structuration du temps :

> « Je sais que votre temps est précieux et je vous remercie de vous être déplacé. Je regarde dès demain matin, les documents et je vous donne une réponse mardi prochain, entre 9 h et 10 h. Je vous raccompagne jusqu'à la réception. Au revoir Monsieur Belfond et encore merci pour vos apports techniques précis qui m'ont permis d'éclairer certains points restés en suspens. »

Si votre interlocuteur est de type personnalité Persévérant, une conclusion basée sur la reconnaissance de ses convictions et de son implication sera pertinente :

> « Je vous remercie de m'avoir donné votre avis sur ce dossier essentiel pour la stratégie de notre entreprise ; vos arguments n'ont fait que renforcer la bonne opinion que j'avais de votre entreprise et de vous-même. Permettez-moi de vous raccompagner. Au revoir Monsieur Dupont. Je m'engage à vous rappeler mardi dans la matinée. »

Si votre interlocuteur est de type personnalité **Rêveur**, préférez une fin de rendez-vous, sobre et concise, prenant en compte son besoin de calme.

> « Je vous remercie pour votre clairvoyance dans ce dossier... (Silence) Je suis en déplacement la semaine prochaine... ce qui vous laisse le temps et la tranquillité pour apporter les corrections nécessaires. Rappelez-moi lundi 16 entre 10 h et 11 h... Au revoir Monsieur Lemaire. »

Si votre interlocuteur est de type personnalité **Promoteur**, une conclusion prenant en compte son besoin d'excitation l'incitera à l'action immédiate :

> « Allons droit au but : votre proposition m'intéresse ! Vous êtes maintenant deux fournisseurs sur la short list. Faites le nécessaire pour le délai de livraison et l'affaire est à vous. Je vous raccompagne. Au revoir Monsieur. »

Si votre interlocuteur est de type personnalité **Rebelle**, une fin d'échange dynamique et détendue répondra à son besoin de contacts :

> « Créatif votre topo ! J'ai envie de recevoir votre PowerPoint et votre devis sur ma boîte mail ! Juste un petit détail : je préfère faire mon choix 15 jours avant Noël. À Noël c'est les cadeaux, avant Noël c'est le boulot ! Je vous raccompagne, Au revoir Monsieur Leclercq, c'est super d'avoir pu bavarder avec vous. »

LA VIE EN COMMUNAUTÉ

La chambre d'hôtel

- Ranger si possible vos effets personnels.
- Éviter de laisser vos serviettes de toilette sur le sol. Sauf si cela est demandé pour changer le linge.
- Penser à rincer votre lavabo et à débarrasser celui-ci de toutes vos affaires personnelles.

- Attention à ne pas laisser une mare d'eau sur le sol.
- Attention au bruit, les chambres d'hôtel sont parfois mal insonorisées. Modérez le volume de la télévision.
- Si vous partagez votre chambre, évitez de rire trop fort, de parler fort.

Les présentations

Comme faire les présentations ?

- Les hommes sont présentés aux femmes (sauf pour les très jeunes filles).
- Les femmes sont présentées aux chefs d'États, aux ministres, aux préfets, aux académiciens et aux ecclésiastiques.
- Les personnes plus jeunes sont présentées aux plus âgées.
- Les « inférieurs » sont présentés aux supérieurs.
- Les plus proches sont présentés aux moins intimes.

L'autoprésentation

Il est tout à fait admis qu'une femme se présente. On donne en premier son prénom suivi de son nom de famille.

- Une demoiselle ne dit pas Mademoiselle B ... Untel, mais son prénom suivi de son nom de famille.

Les règles de salutation

- C'est à la personne à qui vous êtes présenté(e) qui doit vous tendre la main.
- Regarder la personne dans les yeux et sourire de façon naturelle.
- Ne lui écraser pas la main, ne lui donner pas non plus, juste le bout des doigts.
- Retirer ses gants lors d'un déjeuner ou d'un dîner.

À table

- Avant de vous asseoir, attendez d'y être invité.
- Si des personnes importantes sont présentes, laissez-les s'asseoir en premier.
- En général, les hommes s'installent après les femmes.
- Votre position sur la chaise : une souris dans le dos, un chat devant.
- Ne vous balancez pas sur votre chaise.

Les mains

- Vos mains sont visibles, posées de chaque côté de l'assiette.
- Les coudes ne doivent pas vous servir d'appui.
- Garder votre bras près du corps.

La serviette

- La serviette se déplie discrètement, lorsque vous vous mettez à table.
- Elle se pose dans sa longueur sur les genoux.
- Il faut toujours s'essuyer élégamment les lèvres avant de boire et après quelques bouchées.
- À la fin du repas, posez votre serviette à droite de l'assiette. On ne replie jamais sa serviette en fin de repas.

Les couverts

- Les couverts se tiennent par le milieu.
- La fourchette est portée à la bouche et non pas l'inverse.
- Cuillère et fourchette traditionnellement présentés à la française (dents de la fourchette et creux de la cuillère tournés vers la nappe) peuvent être aussi présentés à l'anglaise (dents et creux retournés vers vous).
- Le couteau sert uniquement pour couper la viande. Il est à proscrire pour les œufs, la salade, les pâtes, le foie gras, les gâteaux, le pain.

- Entre deux bouchées, les couverts se posent dans l'assiette en biais sans les croiser.
- Ils ne doivent pas toucher la table.
- Une fois terminé, il faut déposer à 15 h (imaginez que votre assiette est une horloge) vos couverts la fourchette vers vous, le couteau au dessus.

Les verres

- Les verres se tiennent par le galbe et non pas par le pied.
- On s'essuie la bouche avant de boire et après.
- Le verre à eau est à gauche. C'est le plus grand.
- Le verre à vin rouge est à la droite du verre à eau, c'est le verre de taille moyenne.
- Le verre à vin blanc est à la droite du verre à vin rouge, c'est le plus petit.

Conclusion

Votre image est comme un puzzle… en un seul exemplaire !

Qu'une seule pièce manque et le puzzle n'est pas complet ; il peut perdre de son intérêt…

Sa trame, sans quoi rien n'est possible :

- Votre type de personnalité Process Com et les composantes qui les accompagnent.
- L'art de communiquer :
  - les parties de personnalité (avec votre communication verbale et non verbale) et les canaux de communication ;
  - les perceptions.
- La motivation :
  - les besoins psychologiques de votre base et de votre phase ;
  - votre environnement préféré.

Les morceaux faciles à reconnaître sont les couleurs et les vêtements que vous portez.

La manière d'assembler le puzzle avec subtilité et intelligence : c'est **vous**… avec votre histoire et vos projets de vie.

Nous espérons que vous avez trouvé du plaisir et de l'intérêt à lire notre livre.

Prenez soin de vous !

Guide pratique

Guide pratique – Annexe 1

PARTICULARITÉS DE L'IMAGE AU FÉMININ

ÉVALUATION VISUELLE DE VOS PROPORTIONS MORPHOLOGIQUES

Vous mesurez......

❑ En dessous de 1,60 m On considère qu'une personne est petite.	❑ Entre 1,60 m et 1,69 m On considère que vous êtes de taille moyenne.	❑ Entre 1,70 m et 1,72 m On considère que vous êtes grande.	❑ Au-dessus de 1,70 m On considère qu'une personne est très grande.

En fonction de votre taille, adoptez des motifs, des accessoires, des détails vestimentaires (rappelez-vous que le rapport taille/poids et ossature est aussi important) :

❑ Motifs, accessoires, détails vestimentaires petits à moyens.	❑ Motifs, accessoires, détails vestimentaires moyens	❑ Motifs, accessoires, détails vestimentaires moyens à grands	❑ Motifs, accessoires, détails vestimentaires grands à très grands

Le cadre de votre visage

❑ La tête semble petite par rapport à mon corps.

Solution : lui donner plus d'importance. Les coupes, les boucles d'oreilles d'un volume moyen à large.

❑ La tête semble large par rapport à mon corps.

Solution : lui donner moins d'importance. Les cheveux effilés ou attachés, des boucles d'oreilles de taille modérée.

❑ Petit volume autour du visage

❑ Volume médium autour du visage

❑ Volume large autour du visage

Les éléments de votre visage et le bas de votre visage

Mon impression générale			
Colonne 1	Colonne 2	Colonne 3	Colonne 4
❑ Beaucoup de rondeur et de courbes	❑ Un mélange de courbes et de droites	❑ Beaucoup de diagonales et d'angles	❑ Beaucoup de lignes droites et de la force
❑ Les joues sont pleines	❑ Le front semble plus large que le menton.	❑ La partie haute, front et yeux, est beaucoup plus large que mes maxillaires	❑ Le front et mes maxillaires semblent être sur la même ligne
Mes pommettes sont :			
❑ Pleines (l'os n'est pas visible)		❑ Saillantes (l'os est visible)	
Mes sourcils dessinent :			
❑ Une courbe	❑ Une remontée légère	❑ Un accent circonflexe	❑ Une droite
Mes yeux sont :			
❑ Ronds	❑ En amande	❑ En amande et très grands	❑ Droits
Mes lèvres sont :			
❑ Courbes	❑ Un mélange de la courbe et de la droite	❑ Fines ou droites	❑ Droites
Le bas de mon visage ou maxillaires est :			
❑ Rond	❑ Ovale	❑ Triangle	❑ Carré

❑ Mon visage semble plus large que long.
❑ Mon visage semble plus long que large.
❑ Mon menton est pointu.
❑ Mes yeux occupent beaucoup d'espace dans mon visage.

Vous avez une majorité de réponses en colonne 1 :

- Votre visage est plus large que haut. Il est de forme ronde.

Vous avez une majorité de réponses en colonne 2 et aussi quelques réponses dans les autres colonnes :

- Votre visage présente des courbes et des droites et il est de forme ovale.
- S'il est plus haut que large, c'est un ovale long.

Vous avez coché une majorité de réponses en colonne 3 :

- Si votre menton est pointu, votre visage est probablement de forme anguleuse.

- Si sa partie la plus large est les yeux et qu'il vous semble un peu court, il est probablement de forme diamant.

Vous avez coaché une majorité de réponses en colonne 4 :

- Si votre visage est plus large que haut, votre visage est de forme carrée.

- Si votre visage est plus long que large, votre visage est de forme rectangle.

Votre cou

❑ Ma tête est très éloignée de mes épaules : mon cou est long.

Solution : créer de l'horizontalité ou couvrir.

Encolures et cols : encolure bateau, encolure V large, col cheminé, col roulé, col mandarin, col Jabot, foulard noué court (bandana).

Accessoires : collier court, boucles d'oreilles de bonne taille ou larges, chaînes multiples.

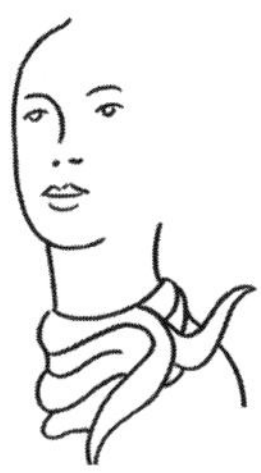

❑ Bandana

❑ Col roulé boule

❑ Encombrer avec beaucoup de détail

❑ Ma tête est très proche de mes épaules, mon cou est court.

Solution : créer de la verticalité et ne pas l'encombrer.

Coiffure : cheveux dégradés dans la nuque.

Encolures et cols : encolure basse, encolure V profonde, pointe de col long.

Accessoires : foulard noué long, collier long, boucles d'oreilles petites à moyennes.

❑ Col point long porté ouvert

❑ Épaules dégagées si leur forme le permet.

Vos bras

❑ Mon coude est plus haut que ma taille : mes bras sont longs.

Solution : créer de l'horizontalité. Manches bouffantes, poignets larges, motifs.

❑ Manche bouffante.

❑ Revers larges, bracelets multiples.

❑ Chemisier poignets en dentelle sous veste aux imprimés écossais.

❑ Mon coude est plus bas que ma taille : mes bras sont courts.

Solution : créer de la verticalité. Manche longue avec poignet simple, vernis à ongles, couleurs sombres, tissus unis.

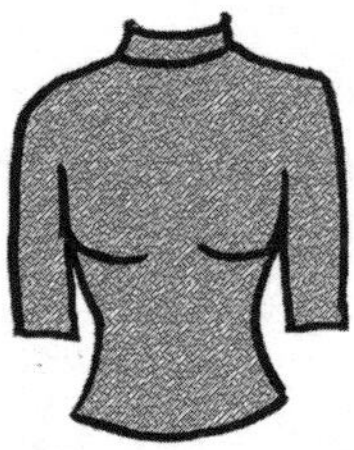

❑ Manche trois quarts

❑ Manches longues, imprimés rayures tennis.

Vos épaules

Tracez un trait droit de la naissance de votre cou point 1 jusqu'à l'arrêt des épaules point 2, puis tracez un trait droit du point 2 au point trois puis du point 3 au point 1.

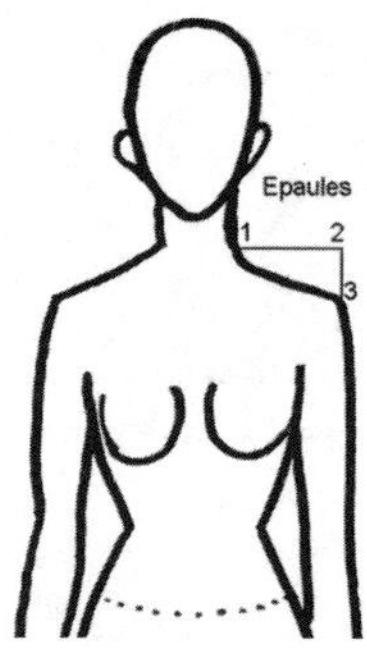

❑ Si la distance entre le point 2 et le point 3 vous paraît très grande, vos épaules sont tombantes.

Objectif : dynamiser. Col bateau, col revers pointes vers les épaules, manches montées, manches ballons, détails sur les épaules, des épaulettes (si c'est tendance).

❑ Si la distance entre le point 2 et le point 3 vous paraît très courte, vos épaules sont carrées.

Objectif : ne pas accentuer. Décolleté profond, col V, revers de col pointes vers le bas, sans emmanchure, manche raglan, manche kimono, manche chauve-souris, manche froncée.

Votre taille/bassin

Les magasins nous offrent souvent 3 lignes élémentaires de silhouette vestimentaire :

- Une ligne cintrée ou sablier : la taille est mise en valeur, tout comme la veste tailleur, blazer croisé.
- Une ligne légèrement cintrée ou évasée : la taille est juste soulignée tout comme la veste tailleur découpe princesse.
- Une ligne droite, rectangulaire, H : la taille n'est pas du tout marquée, tout comme la veste homme, le spencer.

❑ Ma taille est très marquée, mes épaules sont plus larges que mon bassin.

Une taille fine est un atout. Vous avez la possibilité d'opter pour un vêtement cintré à la taille. Si vos hanches sont rondes, préférez un vêtement dont la taille est simplement soulignée et optez pour une jupe fluide en A.

Vêtements en harmonie avec votre silhouette : veste ceinturée, veste courte à basque, jupe évasée fluide, pantalon fluide taille haute, robe princesse.

Vous êtes mince et souhaitez donner une image plus dynamique, optez pour la ligne ajustée ci-dessous.

❑ Ma taille est soulignée, mes épaules sont légèrement plus larges que mon bassin.
La ligne ajustée est votre basique. Si vous êtes mince, tout vous va !

Vêtements en harmonie avec votre silhouette : veste ajustée à la taille, jupe ajustée, jupe A, pantalons droits, robe chasuble, ceinture moyenne.

Si vous souhaitez vous donner une image plus dynamique, optez pour la ligne droite.

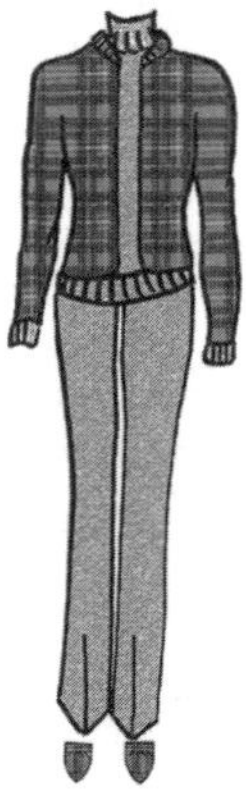

❑ Ma taille est très légèrement marquée et semble être sur la même ligne que mes épaules et mon bassin.

Une coupe droite est à privilégier. Vous pouvez toutefois porter des ceintures lâches et fines.

Vêtements mettant en valeur votre silhouette : ligne H (créateur Christian Dior robe droite, ceinture plus lâche et la taille plus basse), ligne trapèze (créateur Yves Saint-Laurent), veste droite, jupe droite, pantalon taille basse si vos jambes sont très longues, robe trapèze, tunique. Vous souhaitez adoucir votre image, optez pour la ligne ajustée ci-dessus.

Vos hanches

❑ Mes hanches sont rondes.

Objectif : ne pas attirer le regard sur cette zone.

Porter de beaux bijoux près du visage, jupe ligne A, jupe boule, jupe et pantalon de teinte foncée ou en tissu mat, pantalon ample, veste couvrant la zone à problème.

❑ Mes hanches semblent plus étroites que mes épaules.

Solution : leur apporter de la largeur ou les étoffer.

Tunique blousante, pantalon avec détail sur les hanches, veste à double boutonnière, pantalon à pont avec boutons espacés, tissus plus épais que sur le haut du corps, motifs sur le bas du corps.

La région du ventre

❑ J'ai du ventre.

Solution : le masquer.

Tunique couvrant le ventre, jupe portefeuille fluide, pantalon à pinces, robe trapèze. Éviter surtout les matières collantes et les ceintures.

Votre buste

Lorsque vous comparez la hauteur de votre buste avec la longueur de vos jambes, votre buste vous paraît-il ?

❑ Trop petit.

Solution : créer de la verticalité pour l'allonger. Col V porté ouvert, tissus mats, rayures verticales, veste longue, top plus sombre que le vêtement du bas, tunique longue, robe chasuble, pantalon taille basse, ceinture fine de la même couleur que votre haut.

❑ Trop grand.

Solution : créer de l'horizontalité pour le « tasser ». Top plus clair que le vêtement du bas, veste courte, top court, chemisier dont les pans sont rentrés à l'intérieur de votre pantalon ou de votre jupe, tissus à motifs, brillants, rayures horizontales, ceinture large, détails, poche sur la veste.

Le pantalon taille basse ne trompe pas. Enfilez-le et observez. S'il donne encore plus d'importance à votre buste, vous avez un long buste ; inversement si votre buste semble disparaître, vous avez certainement un buste court !

Vos jambes

Les jambes longues sont des atouts et font paraître plus mince !

Lorsque vous regardez votre buste, vos jambes donnent l'impression d'être :

❑ Trop très grandes et très fines.

Solution : leur donner du volume. Couleurs plus claires que le vêtement du haut, tissus à motifs comme des carreaux (Prince de Galles), jupe droite taille basse, jupe ample accompagnée de bottes cavalières, pantalon à revers, ceinture portée basse, détail sur les cuisses, par exemple des poches, collants à motifs avec des chaussures voyantes.

❑ Trop petites ou trop grosses.

Solution : leur donner de la hauteur. Couleurs plus sombres que celles des vêtements du haut, tissus unis, mats, rayures verticales, ceinture/collants/chaussures de la même couleur que la jupe ou le pantalon, jupe courte, pantalon droit sans revers, vêtements « taille haute ».

METTRE VOTRE VISAGE EN VALEUR

Le visage ovale

Son front semble plus large que le menton et le bas du visage est dans la courbe.

- Pour rester dans l'harmonie, il faut souligner ses lignes de ce visage en choisissant des cols, des bijoux, des motifs ou des coiffures ovalisés.

- Pour lui donner du caractère, préférer le mélange de lignes droites et courbes.

Exemples d'encolures en harmonie avec un visage ovale

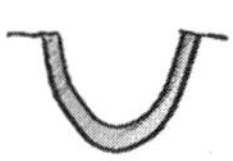

❑ Col U

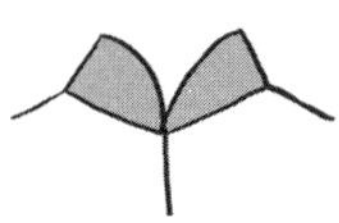

❑ Col officier

❑ Col Claudine

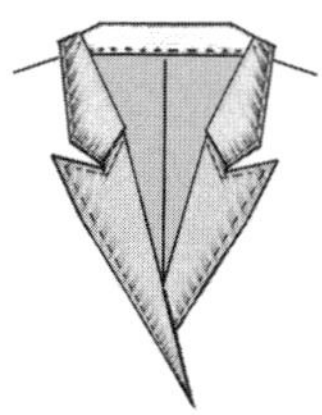

❑ Col tailleur pour donner du caractère

Exemples de coiffures (pratiquement toutes) en fonction de votre personnalité

❑ Ronde et souple

❑ Souple

❑ Structurée

Le maquillage : Cette forme de visage supporte tous les styles de maquillage. Il serait dommage de contrarier les lignes naturelles.

Le visage ovale long

C'est un ovale avec un cadre long.

Astuces de rééquilibrage

Illusion d'optique : ligne horizontale :

- Les coiffures mi-visage ; la frange peut aider à diminuer la hauteur.
- Les encolures larges et les cols portés ouverts ; ils peuvent créer une illusion de largeur sous le visage.
- Des foulards aux motifs linéaires.

Exemples d'encolures en harmonie avec un visage ovale long

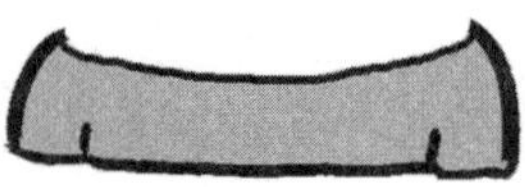

❑ Encolure large sur épaules

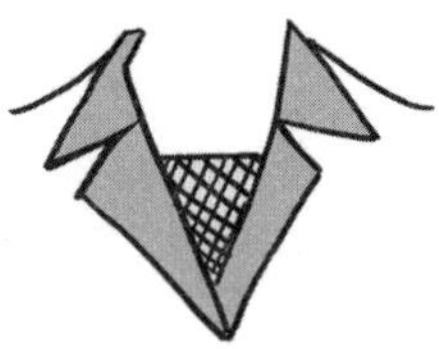

❑ Col chemisier porté ouvert

❑ Col trapèze

À éviter : les boucles d'oreilles longues, les cheveux longs encadrant le visage.

Le modelage du visage : ne pas accentuer la longueur, poser votre fard à joues pratiquement à l'horizontale sans trop rentrer dans votre visage.

Le visage rond

Il est plus large que long, les joues sont pleines et le bas du visage est dans la courbe.

- Les coiffures, les cols, les bijoux et les motifs dans la courbe soulignent les lignes naturelles de ce visage.
- Pour lui donner du caractère, adoptez le mélange de courbes et de droites dans les bijoux, les motifs d'un foulard.

Exemples d'encolures et de cols en harmonie avec un visage rond

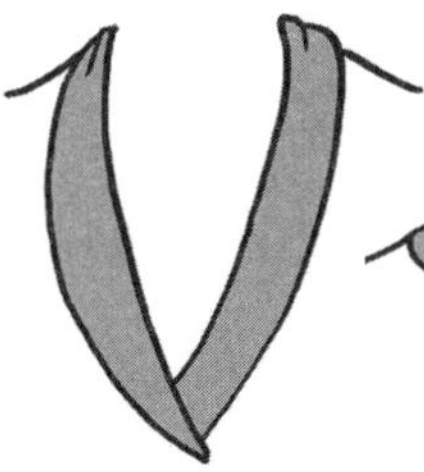

❑ Col châle

❑ Col boule

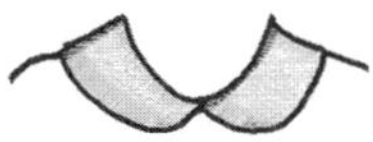

❑ Col Claudine

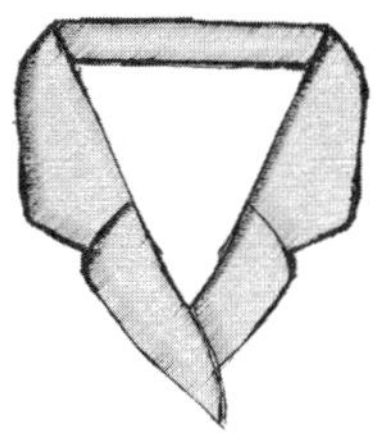

❑ Col tailleur mixte pour le caractère

Exemples de coiffures et en fonction de votre personnalité

❑ Bouclé

❑ Souple

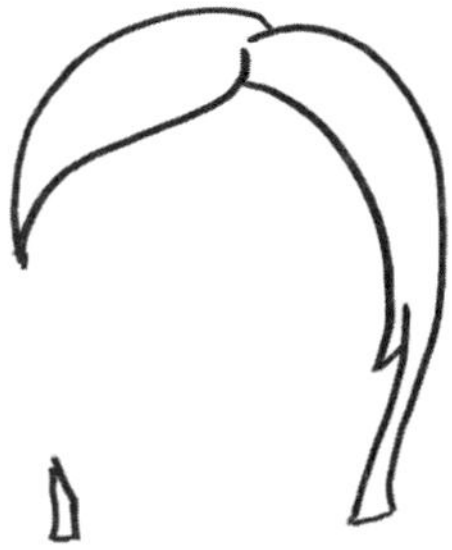

❑ Structurée

Astuces de rééquilibrage

Illusion d'optique : ligne verticale.

- Une coiffure créant du volume au sommet de la tête ou un style dégradée autour du visage.

Le modelage du visage : appliquez votre fard à joues sur le haut de la pommette sans rentrer trop dans votre visage et étirez-le en diagonale du nez vers les tempes.

Vous pouvez aussi creuser en utilisant un modeleur foncé que vous appliquez sous les pommettes et un modeleur clair en touche sur le front et le menton.

Le visage triangulaire

Son front est très large ; le menton se termine souvent en pointe.

- Les coiffures, les cols, les bijoux, et les motifs dans la ligne droite ou la diagonale soulignent les lignes naturelles de ce visage.
- Pour lui apporter de la douceur, préférer un mélange de lignes droites et de lignes courbes.

Exemples d'encolures en harmonie avec un visage triangulaire

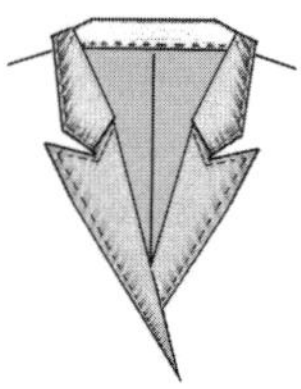

❑ Col tailleur pointu

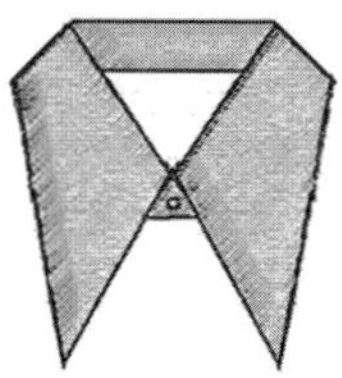

❑ Col chemisier

❑ Encolure V

❑ Col tailleur sport

Exemples de coiffures en fonction de votre personnalité

❑ Lisse et souple

❑ Raide et déstructurée

❑ Hérissée

Astuces de rééquilibrage

Illusion d'optique : ligne horizontale au niveau du menton, si celui-ci est très étroit.

- Une coiffure couvrant la partie la plus large.
- Si le menton est très pointu, apporter de la largeur, en retournant par exemple les cheveux vers l'extérieur ou en éclairant le bout des cheveux par une couleur plus claire.

Exemples d'encolures et de cols pouvant corriger la forme triangulaire sans la contrarier

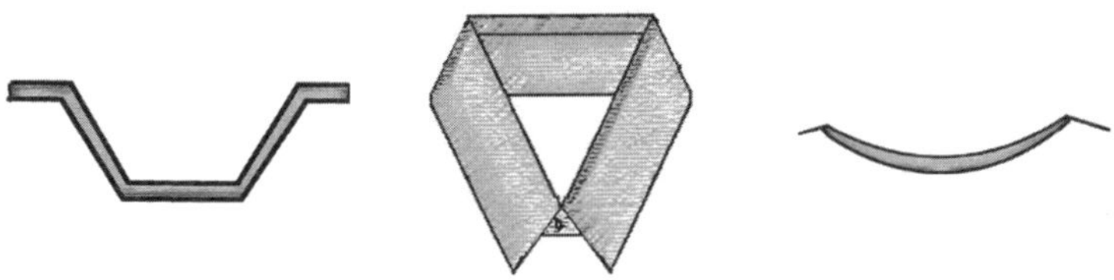

❑ Col trapèze ❑ Col chemisier avec des pointes courtes ❑ Encolure bateau

Le modelage du visage devrait permettre de l'adoucir. Appliquer le fard à joues en partant de la pommette et en étirant vers les tempes. Appliquer un modeleur foncé sur les parties latérales du front et juste une pointe en dessous du menton.

Le visage diamant

Sa partie la plus large est située à hauteur des yeux et des pommettes et le bas du visage peut être étroit.

- Cette forme de visage supporte tous les styles de coiffure sauf si le menton est pointu.
- Les coiffures, les bijoux, les motifs et les cols aux lignes anguleuses et géométriques s'harmonisent avec les traits de ce visage.
- Pour l'adoucir, optez pour un mélange de lignes droites et de courbes.

Exemples d'encolures et de cols en harmonie avec le visage diamant

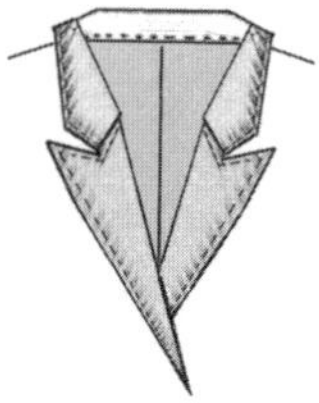

❑ Col italien

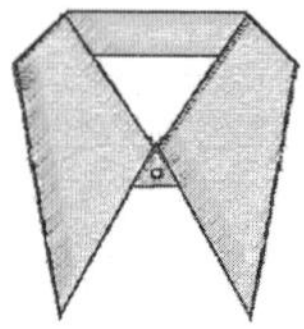

❑ Col chemisier

❑ Encolure V

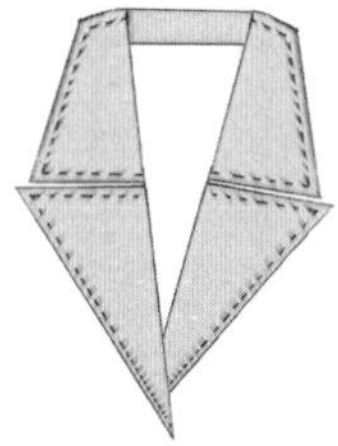

❑ Col sportif pour adoucir le côté trop anguleux

Exemples d'encolures et de cols pouvant équilibrer le visage diamant sans vraiment contrarier sa forme originale

❑ Col trapèze

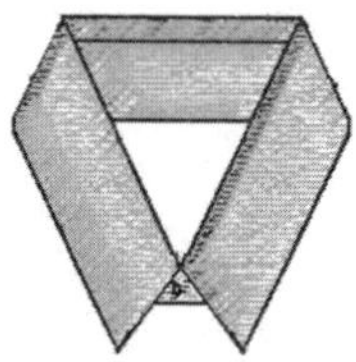

❑ Col chemisier à pointes courtes

❑ Encolure bateau

Exemples de coiffures et en fonction de votre personnalité

❑ Raide et lissée

❑ Souple mi-long

❑ Structurée

Astuces de rééquilibrage

Illusion d'optique : ligne verticale au niveau des tempes et si nécessaire au menton. Une coiffure avec un volume aux tempes.

Le modelage du visage devrait permettre d'accentuer les pommettes. Appliquez le fard à joues à la moitié des pommettes et étirez-le très largement vers les tempes pour les rétrécir. Poser un modeleur clair sur les maxillaires pour les élargir.

Le visage carré

Comme le visage rond, ce visage est court. Le front, les pommettes et la mâchoire semblent avoir la même largeur. La mâchoire peut être très prononcée. Si c'est le cas, il est préférable de ne pas l'accentuer.

- Les coiffures, les bijoux, les motifs et les cols dessinant des lignes, des carrés sont en harmonie avec les traits de ce visage.
- Pour lui apporter de la douceur, optez pour formes géométriques plus longues que larges et dont les angles sont adoucis.

Exemples d'encolures s'harmonisant avec un visage carré

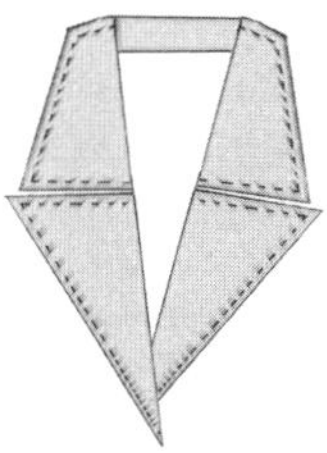

❑ Col sportif

❑ Encolure trapèze

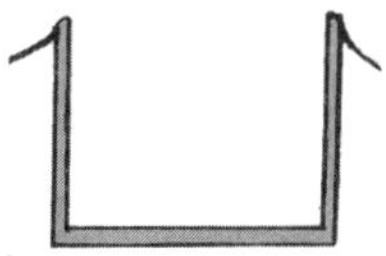

❑ Encolure carrée

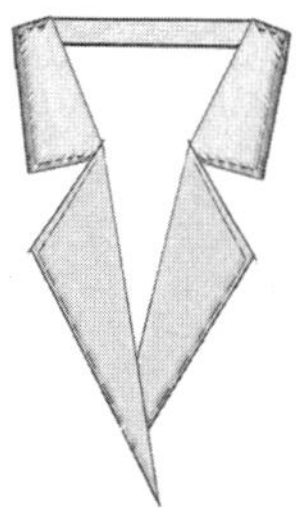

❑ Col classique

Exemples d'encolures pouvant équilibrer un visage carré sans vraiment contrarier sa forme originale

❑ Col V profond

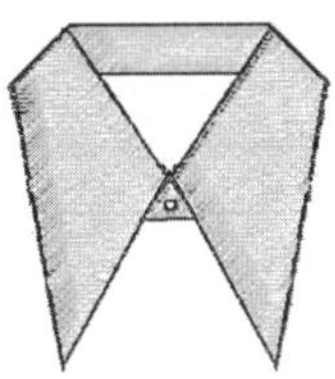

❑ Col chemisier à pointes longues

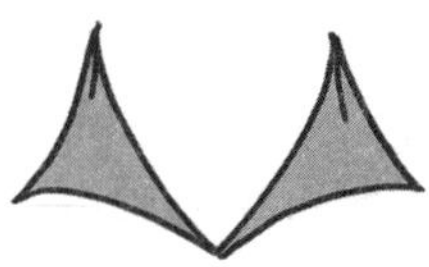

❑ Col chemisier ouvert

Exemples de coiffures et en fonction de votre personnalité

❑ Souple et longue

❑ Asymétrique

❑ Hérissée et courte

Astuces de rééquilibrage

Illusion d'optique : ligne horizontale.

La coiffure évitera toutes les lignes s'arrêtant à hauteur de mâchoire ou coupant le visage par son milieu. Les boucles d'oreilles style « dormeuse » aident à créer de la verticalité.

Le modelage du visage doit permettre de lui apporter de la douceur. Appliquez votre fard à joues en dessinant un triangle, la pointe du triangle vers le nez en étirant en diagonale vers les tempes.

Vous pouvez appliquer un fard modeleur sombre, le long des maxillaires pour adoucir et affiner les côtés et un fard modeleur clair sur le menton et le front.

Le visage rectangulaire

C'est un carré allongé, plus long que large. Les conseils d'harmonies sont ceux du visage carré. Nous vous conseillons de ne pas allonger votre visage.

Astuces de rééquilibrage

Illusion d'optique : ligne horizontale et la courbe. La coiffure évitera les volumes en hauteur.

Exemples de coiffures en correction et en fonction de votre personnalité

❑ Carré court ondulé

❑ Asymétrique

Exemples d'encolures et de cols en harmonie avec un visage rectangulaire

❑ Encolure profonde en forme de V

❑ Encolure trapèze

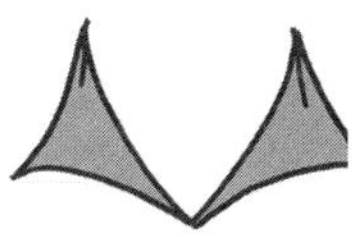

❑ Col Médicis

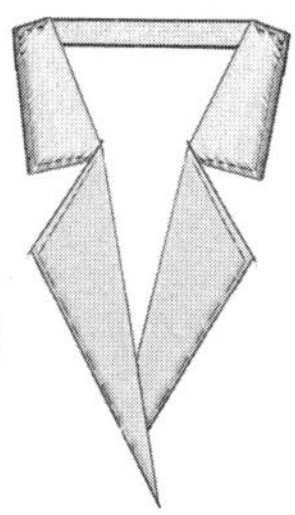

❑ Col classique

Le modelage du visage doit permettre d'adoucir le bas du visage lorsque celui-ci est très marqué. Appliquez votre fard à joues en démarrant des tempes vers le nez.

Appliquez un modeleur foncé le long des maxillaires pour les affiner et sur les parties latérales supérieures si votre front est dégagé.

Si votre visage est vraiment très long : appliquez votre fard à joues, l'accent à l'extérieur de la pommette et dégradez-le légèrement vers l'intérieur. Posez un modeleur foncé sur le menton et sur le front si celui-ci vous semble très haut.

*LA MISE EN BEAUTÉ LUMIÈRE –
15 MINUTES CHRONO !*

Une mise en beauté nous présente sous notre meilleur jour même pour les moins expertes. Votre mise en beauté sera totalement réussie, si vous :

- procédez à l'épilation de la lèvre et tous autres poils disgracieux ;
- pensez à structurer vos sourcils ;
- posez une crème de jour que vous laisserez pénétrer au moins 5 minutes avant de commencer à vous maquiller.

Tout comme le peintre, vous avez besoin de bons pinceaux, des bonnes couleurs, d'un taille-crayon, et d'une bonne lumière.

L'ordre d'application

1. Si nécessaire, pour une bonne tenue ou pour corriger les imperfections de votre peau, appliquez une base d'avant maquillage :

- neutre pour tous types de peau ;
- verte pour les peaux à rougeur.

Attendez 2 à 4 secondes et posez votre fond de teint.

2. Pour un effet naturel, le ton de votre fond de teint devrait être très proche de votre carnation. Étalez celui-ci du haut vers le bas. Puis du nez vers les joues. Insistez sur les pommettes.

Astuce : je pose le fond de teint à l'aide d'un coton-tige par petites touches et ensuite j'uniformise avec une éponge biseautée. Le téléphone peut sonner ou les enfants m'appeler, j'ai les mains propres !

Ma texture préférée : les fonds de teint fluides. Pour celles qui n'aiment pas le fond de teint, une base teintée est le bon compromis.

3. L'anticerne que vous appliquerez au pinceau. Commencez par couvrir l'endroit le plus sombre du cerne et estompez ensuite vers l'endroit le plus clair.

Astuce : je préfère les correcteurs crème qui s'estompent facilement à l'éponge.

4. À l'aide d'un gros pinceau, poudrez l'ensemble du visage et le cou ou poudrez uniquement les zones brillantes :

- Pour un maquillage naturel des yeux, utilisez pour la journée des fards mats.
- Appliquez un blanc neutre sur l'ensemble de l'œil.
- Appliquez une seule couleur sur la paupière mobile avec un fard plus clair. Estompez-la avec soin.

5. Nettoyez et redessinez vos sourcils à l'aide d'un crayon ou d'un fard mat de la couleur de vos sourcils. Vous pouvez le corriger si nécessaire. Ils animent votre visage en lui donnant tout son caractère.

Astuce : j'utilise un fard mat que j'applique à l'aide d'un pinceau biseauté. Pour les moins douées, il existe des pochoirs avec toutes sortes de formes.

6. Appliquez votre fard à joues de préférence après vous être habillée, vous éviterez l'excès de couleur.

7. Dessinez le contour de votre bouche à l'aide d'un crayon. Pour redessiner le contour d'une bouche, j'utilise un crayon de la couleur des lèvres ou un crayon correcteur.

Astuce : Pour la lèvre du haut, je marque le cœur en premier et si la lèvre est tombante, je m'arrête avant le coin de la lèvre.

Pour la lèvre du bas, souriez légèrement et suivez le tracé de la lèvre du cœur vers la commissure. Terminer avec un rouge à lèvres mat.

Pour que votre rouge à lèvres résiste dans la journée, appliquez de préférence au pinceau, absorbez avec un mouchoir en papier, poudrez et appliquez une nouvelle couche.

Si vos lèvres sont fines, appliquez un brillant après le rouge à lèvres.

8. Deux couches de mascara, de la base à la pointe. Insistez sur les cils extérieurs de la ligne supérieure de l'œil. À l'aide du peigne, séparez avec soins vos cils. Votre regard s'ouvrira !

Les bonnes couleurs pour un maquillage naturel

Il convient de respecter votre harmonie personnelle (cheveux, yeux, teint) et de repérer si les contours des éléments de votre visage (cheveux, sourcils, yeux, bouches) sont bien dessinés, moyennement dessinés ou mal définis.

Adoptez les tons chauds et mats si :

- les éléments de votre visage présentent des couleurs qui semblent se confondre ;
- vos cheveux sont de tons moyennement sombres chauds (châtain doré à blond doré, auburn, roux) ;
- votre peau semble terne ou beige ;
- vous avez des taches de rousseurs.

Tons chauds et mats

Ombres à paupières	Or, vert sombre, rose saumon, orange.
Rouge à lèvres	Chocolat, noisette, brique, moka, orange, cuivre.
Fards à joues	Pêche soutenu, ton roux.
Mascara	Noir, brun foncé.

Adoptez les tons froids dans des tonalités plus ou moins soutenues selon votre contraste (yeux-peau-cheveux) si :

- les éléments de votre visage sont bien dessinés ;
- vos cheveux sont dans des tons sombres et cendrés (noir à châtain foncé) ;
- votre peau semble rosée ou porcelaine.

Tons froids soutenus

Ombres à paupières	Argent, blanc pur, gris sombre à moyen, bleu cendré, rose, prune, turquoise fumé.
Rouge à lèvres	Fuchsia, rose vif, prune, bordeaux, cerise, carmin, mûre, grenat, prune, lie de vin.
Fards à joues	Rose soutenu, lie de vin.
Mascara	Noir, gris foncé, brun noir.

Adoptez les tons chauds dans des tonalités claires si :

- les éléments de votre visage ne sont ni bien ni mal dessinés ;
- vos cheveux sont dans des tons clairs et chauds (châtain moyen à blond clair chaud, vénitien, roux clair) ;
- votre peau est claire voire ivoire ou claire dorée ;
- vous avez des taches de rousseurs.

Tons chauds clairs

Ombres à paupières	Or, brun doré à clair, ivoire, turquoise, bleu, vert doux.
Rouge à lèvres	Corail, rose clair, fraise, caramel, abricot, mangue.
Fards à joues	Pêche clair, saumon, rose soutenu
Mascara	Brun

Adoptez des tons froids dans des tonalités douces, nacrées, si :
- les éléments de votre visage semblent mal dessinés ;
- vos cheveux sont dans des tons moyens à clairs cendrés (châtain moyen à blond clair cendré) ;
- votre peau semble rosée et claire.

Tons froids soutenus

Ombres à paupières	Champagne, blanc cassé, gris moyen à clair, rose tendre, bleu clair, gris vert.
Rouge à lèvres	Orchidée, framboise, rose clair froid, melon, lie-de-vin.
Fards à joues	Rose poudré.
Mascara	Anthracite, brun, noir.

LA GARDE-ROBE ÉLASTIQUE OU DE BASE

La garde-robe de base permet de s'habiller quelles que soient les circonstances. Une jupe restera une jupe, un pantalon restera un pantalon. À vous de trouver les modèles en fonction de votre type de personnalité, de votre morphologie et de vos couleurs personnelles.

Les vêtements devraient pouvoir se compléter les uns avec les autres et être accessoirisés en fonction des circonstances.

La liste ci-dessous vous est donnée à titre d'exemple. À vous de la compléter en fonction de vos activités professionnelles et personnelles.

Les vêtements de base

Les grosses pièces (manteau, tailleur, jupe, pantalon…) dans un neutre. Les autres pièces peuvent être sélectionnées soit dans un autre neutre soit dans la palette couleurs :

– 1 veste unie dans un neutre

– 1 deuxième veste
– jupes
– pantalons
– 1 robe
– 2 chemisiers
– tee-shirts
– 1 gilet sans manches
– 2 sous-pulls
– 1 gilet à manches longues
– 1 pull assorti au gilet à manches longues
– 1 manteau
– 1 trench

À rajouter le basique des garde-robes de type Travaillomane ou pour une image « business » :
– 1 tailleur jupe
– 1 tailleur-pantalon

Les accessoires

Les accessoires sont incontournables. Comme par magie, ils transforment un basique en un look tendance ou plus habillé et signent votre personnalité.

Une image professionnelle demande des accessoires de qualité : ceinture en cuir, sac à main cuir, fourre-tout, chaussures… dans votre meilleur neutre ou pour plus de facilités, en noir.

Le bijou se fait chic, même en « toc » et se décline dans les tons argentés, dorés et les couleurs les plus sombres des palettes.

Pour une image élégante et harmonieuse, les accessoires se portent en nombre impair.

Exemple : sac, ceinture, chapeau.

Si vous possédez une parure collier, bracelet et boucles d'oreilles assortis, préférez les porter individuellement ou par deux. Vous éviterez l'effet arbre de Noël !

Exemple : le collier de perles avec sa bague sans le bracelet assorti. Le bracelet sera remplacé par un autre accessoire dont la matière ou la texture rappellera celles du collier et de la bague.

Le basique de qualité

– 1 paire d'escarpins
– 1 paire de derbys
– 1 paire de bottes cavalières, ou à talons de petits à moyens.
– 1 paire de ballerines sans talons ou à petits talons.
– 1 sac à main pour la journée
– 1 sac à main pour le soir
– 1 montre
– 2 carrés en soie
– 1 écharpe avec une paire de gants
– 2 ceintures
– Des boucles d'oreilles
– Des colliers, bracelets…
– Paire de lunettes de soleil

Et pour faire comme tout le monde, le vêtement et les accessoires aux tendances de l'année et pas forcément hors de prix : chapeaux, gants, liens pour les cheveux, lunettes de soleil, boucles d'oreilles, colliers, foulards, ceintures, collants, chaussures, bottes, etc.

Paraître plus mince

Le secret : pensez verticalité et sobriété !

Sobriété ne rime pas forcément avec tristesse, préférez des styles sobres.

Attirer le regard de l'autre vers le haut. Un joli maquillage, une jolie coiffure et des boucles d'oreilles feront des merveilles.

Vos bijoux peuvent être imposants.

Choisissez des encolures dynamiques, comme le V, le trapèze ou un col italien.

Évitez le sans-manche surtout si vos bras sont épais.

Les pans de votre veste doivent être dans la courbe.

Préférez des tuniques. Elles ont l'avantage de masquer un ventre rond.

Les tissus unis, mats dans un tombé fluide affineront votre silhouette.

La garde-robe en image et les possibilités de combinaison

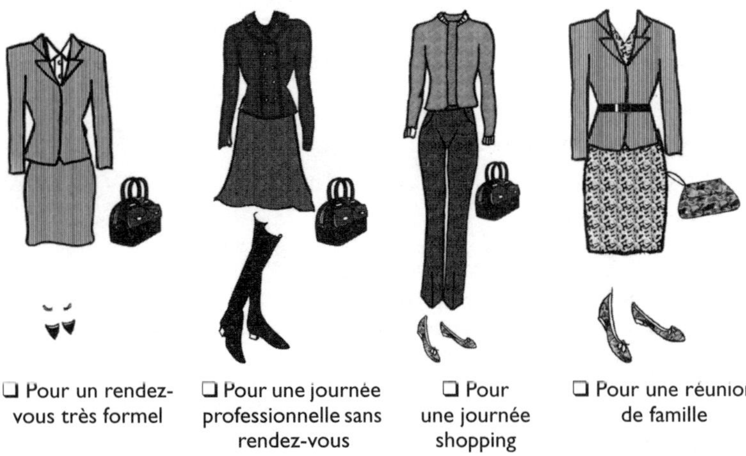

❑ Pour un rendez-vous très formel	❑ Pour une journée professionnelle sans rendez-vous	❑ Pour une journée shopping	❑ Pour une réunion de famille

Les motifs ne sont pas interdits. Cependant, ils devront se faire discrets.

Préférez les lignes verticales ou des diagonales.

Les couleurs ne sont pas défendues, portez-les-en monochrome ou en camaïeu.

Les vêtements fétiches !

Veste longue, 3/4 pour les plus petites, 7/8 pour les plus grandes (avec jupe ou robe).

Tunique portée au-dessus du pantalon.

Pantalon droit et sans revers.

Jupe à taille réglable, droite, mais pas moulante jupe portefeuille pour masquer le ventre.

Bas/collants de la même couleur que la jupe ou robe et chaussures.

Chaussures simples avec des talons moyens, mais pas trop fins.

Bottes cavalières.

Guide pratique – Annexe 2

PARTICULARITÉS DE L'IMAGE AU MASCULIN

ÉVALUATION VISUELLE DE VOS PROPORTIONS MORPHOLOGIQUES

Vous mesurez……

❑ Entre 1,60 m et 1,69 m On peut considérer que vous êtes de petite stature	❑ Entre 1,70 m et 1, 80 m On peut considérer que vous êtes de stature normale	❑ Au-dessus de 1,80 m On peut considérer que vous êtes de grande stature
❑ Motifs/accessoires moyens	❑ Motifs/accessoires de moyens à grands	❑ Motifs/accessoires grands à très grands

Votre poids par rapport à votre stature

❑ Pas assez	❑ Tout va bien	❑ Trop (voir plus loin pour paraître plus mince)

Votre morphologie

Pour connaître votre morphologie, mesurez :

- Tour de poitrine = … cm
- Tour de taille = … cm
- Différence entre les deux :
- … = cm

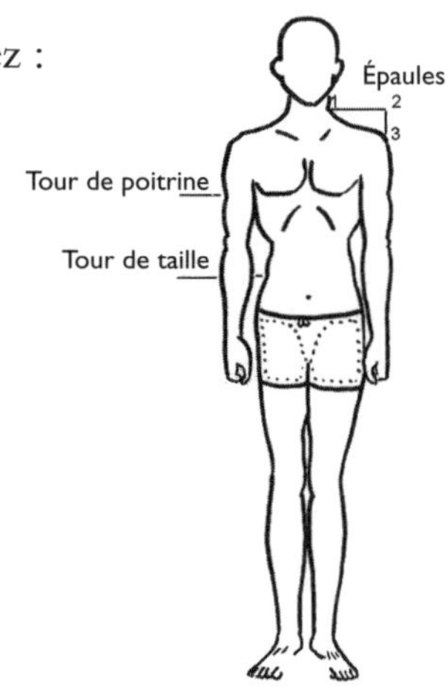

Différence de plus de 18 cm
❑ Anguleux

Différence de 17 cm maximum
❑ Droit

Contours arrondis
❑ Droit avec des détails courbes

La forme de votre visage

La coupe de cheveux, la forme du col ou d'un motif doivent être en harmonie avec les lignes générales de votre visage :

- Si votre visage est très sérieux et que vous souhaitez être plus abordable, préférez apporter de la rondeur.
- Si votre visage est très jovial et vous vous souhaitez paraître plus sérieux, préférez apporter de la ligne.

Votre visage est :

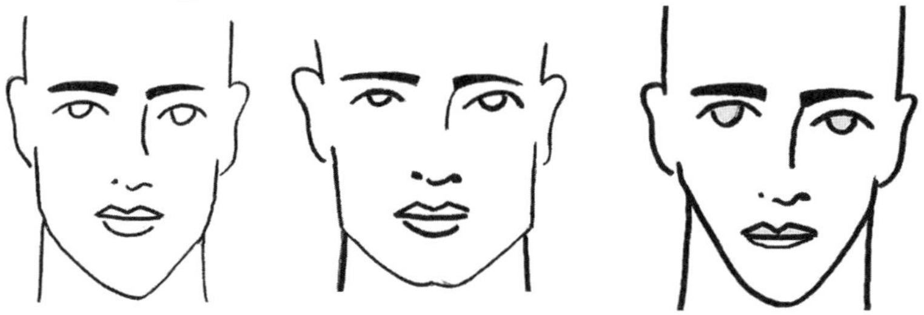

❑ Droit avec des détails courbes
❑ Mâchoire pas forcément prononcée

❑ Beaucoup de lignes droites
❑ Mâchoire carrée

❑ Beaucoup de diagonales et d'angles
❑ Mâchoire anguleuse

Le bon compromis quelle que soit la forme de votre visage est le mélange de courbes et de droites.

Votre visage et votre morphologie sont **anguleux** : votre silhouette est mise en valeur par des motifs anguleux, des lignes droites, un costume cintré.

Votre visage et votre morphologie sont **droits** ou un mélange des deux : votre silhouette est mise en valeur par un mélange de courbes et de droite, un costume droit.

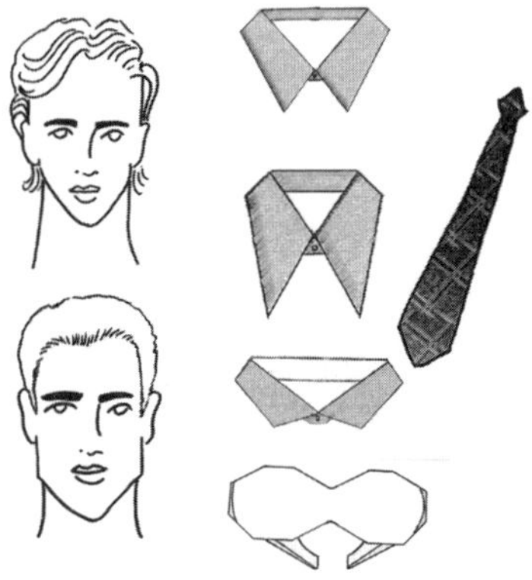

Visage et morphologie anguleux

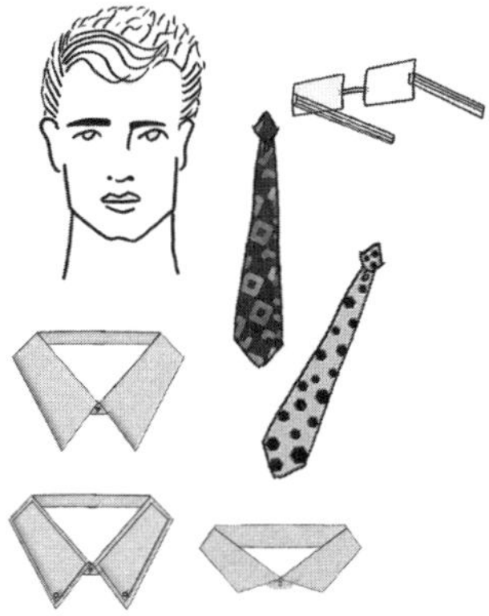

Visage droit et morphologie droite

Vous êtes **rond** : voir paragraphe paraître plus mince et adoptez les courbes et les droites.

Votre cou

- Votre tête est très éloignée de vos épaules : votre cou est long ou mince.

Solution : intégrer de l'horizontalité ou masquer le cou. Cheveux dans le cou, col de chemise haut, col roulé.

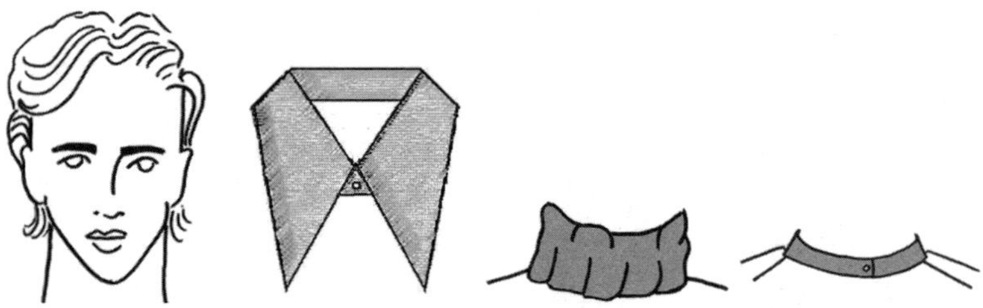

❑ Cheveux dans le cou ❑ Pied de col haut ❑ Col roulé ❑ Col officier

- Votre tête est très proche de vos épaules : votre cou est court ou large.

Solution : intégrer de la verticalité ou le montrer. Nuque dégagée, col de chemise bas, encolure V.

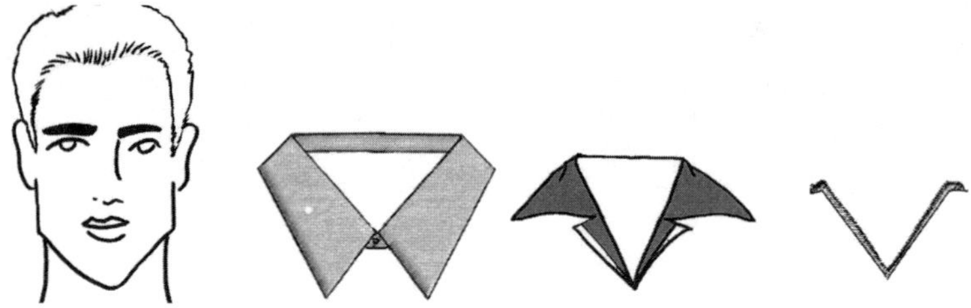

❑ Nuque dégagée ❑ Pied de col bas ❑ Col de chemise porté ouvert ❑ Encolure en V

Vos épaules

Tracer un trait droit de la naissance de votre cou du point 1 jusqu'à l'arête des épaules point 2, puis tracer un trait droit du point 2 au point 3 puis du point 3 au point 1 (voir schéma p. 158).

- Si la distance entre le point 2 et le point 3 paraît large ou l'inclinaison entre les deux points est de plus de 5 cm, vos épaules sont tombantes.

Solution : intégrer de la ligne droite, la diagonale, des points de focalisation à l'épaule. Patte d'épaule, manches rapportées, col bateau, rayures horizontales, carreaux, revers de col italien.

❑ Patte d'épaule

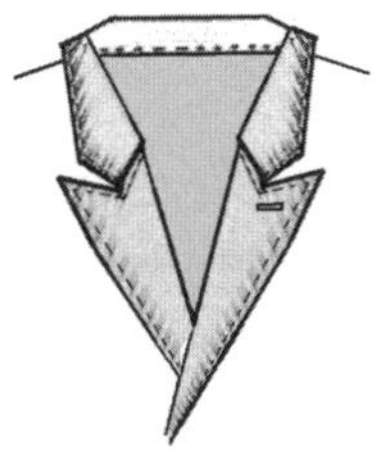

❑ Revers pointes vers les épaules (Italien)

❑ Motif carreau

- Si la distance entre les points 2 et 3 paraît étroite ou l'inclinaison est de moins 2 cm, vos épaules sont très droites.

Solution : diagonale vers le bas, courbe, effet sombre et clair. Col V, pointes de col vers le bas, manche raglan, revers de veste droite.

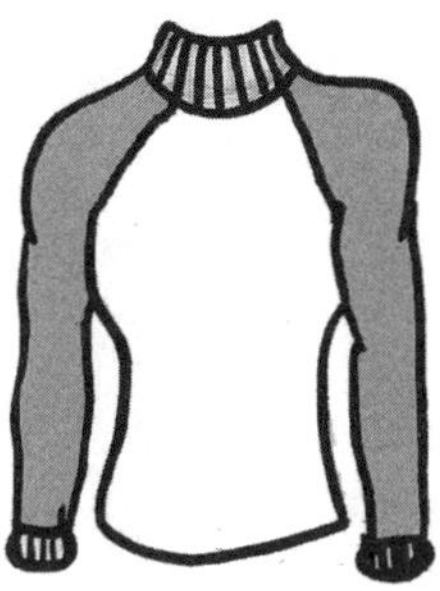

❑ Manche raglan

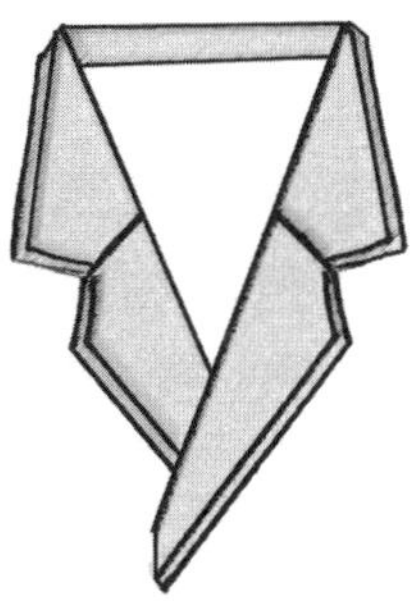

❑ Revers veste droite

❑ Chemise pointe de col vers le bas, couleur plus sombre sur le haut de la chemise.

Vos bras

❑ Mon coude est plus haut que ma taille : mes bras sont longs.
Solution : créer de l'horizontalité et apporter des détails importants. Revers larges à plusieurs boutons, poignet mousquetaire avec boutons de manchette, montre imposante.

❑ Mon coude est plus bas que ma taille : mes bras sont courts.
Solution : donner de la verticalité et ne pas surcharger. Revers simples, revers à un bouton, montre modeste.

Votre buste

Lorsque vous regardez la longueur de vos jambes par rapport à votre buste : votre buste vous semble-t-il :

❑ Long
Solution : équilibrer en apportant de l'horizontalité dans le vêtement du haut. Veste à motifs, veste à double boutonnage, pans de veste droits, chemise à motifs, cravate à motifs horizontaux, blouson court, pantalon taille basse, couleur plus claire sur le haut du corps que sur le bas du corps.

❑ Petit
Solution : équilibrer en apportant de la verticalité dans les vêtements du haut. Exemples vestimentaires : vestes unies ou à motifs verticaux (rayures craies, rayure tennis), chemise unie, cravate unie, veste légèrement plus longue que la normalité, couleur plus sombre sur le haut du corps que sur le bas du corps.

Vos jambes

Lorsque vous regardez votre buste, vos jambes donnent l'impression d'être :

❑ Trop grandes
Solution : apporter de l'équilibre. Couleurs plus claires que le vêtement du haut, tissus à motifs comme des carreaux (prince de Galles), pantalon droit à revers, détail sur les cuisses, par exemple des poches.

❑ Trop courtes
Solution : leur donner de la hauteur. Couleur plus sombre que les vêtements du haut, tissus unis, mats, rayures verticales, ceinture/chaussures de la même couleur que le pantalon, short, des pantalons droits sans revers, tongs avec un bermuda plutôt que les tennis couvrant la cheville.

Trop grandes

Trop courtes

PORTER ÉLÉGAMMENT LE COSTUME

Choisir une forme de costume en fonction de sa morphologie

Votre visage et votre morphologie sont **anguleux** : votre silhouette est mise en valeur par des motifs anguleux, des lignes droites, un costume cintré.

Votre visage et votre morphologie sont **droits** : votre silhouette est mise en valeur par un mélange de courbes et de droite, un costume droit.

Vous avez un visage ovale et une structure anguleuse, vous adopterez la ligne droite.

Vous êtes **rond** : préférez la coupe droite.

Costume cintré

Costume droit

Combinaison des motifs

Pour une image formelle et élégante, portez **trois unis** ensemble.
Exemple : chemise unie, cravate unie, costume uni.

Pour une image moins formelle et un rendez-vous entre collaborateurs, portez **deux unis et un motif**.
Exemple : chemise unie, costume uni, cravate à pois ou chemise unie, cravate unie, complet à chevrons.

Pour une image moins conventionnelle ou plus créative, **deux motifs et un uni**.
Exemple : chemise unie, cravate à motifs linéaires et costume à rayures.

Combinaison élégante costume/chemise/cravate

La chemise doit être plus claire que le complet. La cravate doit être plus foncée que la chemise. La couleur de la cravate doit se retrouver dans celle de la chemise, du complet ou des deux.

Ne porter que deux familles de couleurs ensemble (le blanc n'est pas une couleur). Par exemple : Complet marine, chemise bleue, cravate marine et rouge. Complet marine, chemise rose, cravate marine et rose.

Pour une image plus affirmée, portez **trois motifs** ensemble. Cette combinaison peut vite tourner au ridicule. Je vous la déconseille si vous n'êtes pas un expert de la mode ou si vous voulez montrer une image neutre.

Si vous souhaitez tenter l'aventure, tous les motifs doivent s'accorder entre eux, en termes de coloris, d'équilibre et de proportion.

Pour ceux que le costume rebute, pour les rendez-vous informels et pour une image plus accessible, porter un **ensemble dépareillé**.

Si votre fonction vous le permet, préférez une veste en laine fine portée sur un polo chic ou un pull col roulé et un pantalon en toile de coton ayant une bonne tenue.

Exemple : chemise, cravate et veste différente du pantalon (le motif doit être suggéré, mais pas imposé).

Pour un style parfait

Votre veste doit pouvoir être fermée facilement et les boutonnières ne doivent pas être « tiraillées » et prêtes à s'ouvrir au moindre mouvement.

Le col de votre chemise doit dépasser légèrement du col de votre veste.

Les manches de votre chemise doivent dépasser d'environ un centimètre.

Le bout de la cravate doit toucher le haut de votre ceinture.

Le bas de votre pantalon doit faire une légère cassure sur l'avant de la chaussure et couvrir la moitié du talon de la chaussure.

Cols de chemise et nœuds de cravate

Col de chemise	À porter avec le nœud de cravate
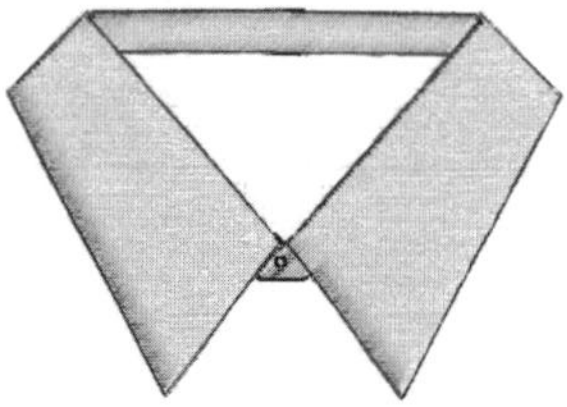	**Nœud simple** Très simple à réaliser. Faire un tour. Convient à un col fermé. **Nœud simple I tour et demi** Très facile à réaliser. I passage et demi. Convient à un col plus ou moins fermé.
Col classique à pointes serrées	
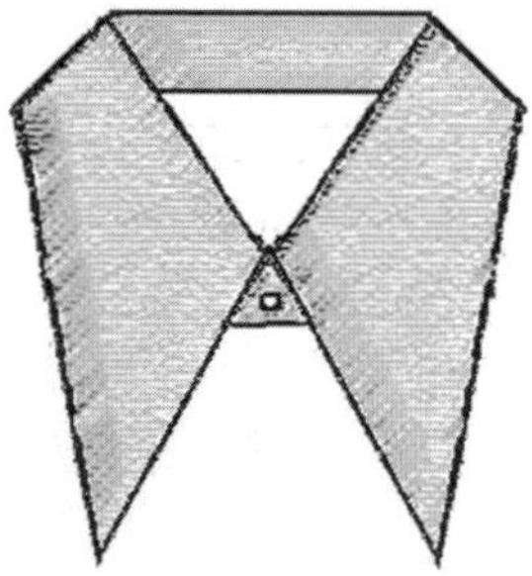	**Nœud simple I tour et demi** Facile à réaliser. Un passage et demi. Convient à un col plus ou moins fermé. **Nœud demi Windsor** Compliquer à réaliser. I passage.
Col classique à pointes longues Peut corriger un visage court	
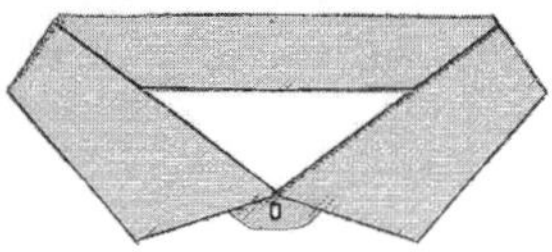	**Nœud double simple** Simple à réaliser. 2 passages. **Nœud Windsor** Compliquer à réaliser. 2 passages. Convient à un col très ouvert.
Col italien à pointes courtes et très écartées Peut corriger un visage long	
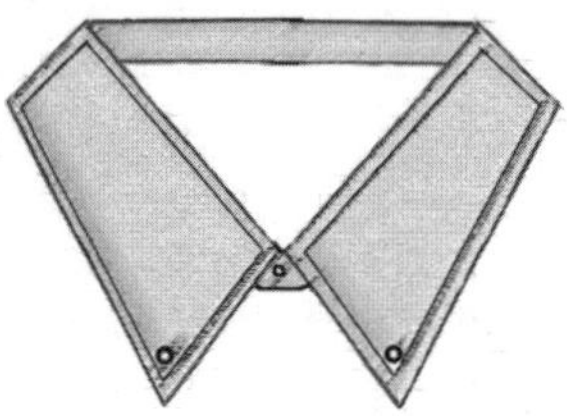	**Nœud double simple** **Nœud simple un tour et demi** Ou sans cravate. Le Windsor très élégant n'est pas conseillé avec ce col.
Col à boutons (le moins formel) Le seul qui se porte sans cravate	

PARAÎTRE PLUS MINCE

La sobriété est de mise !

Apportez un grand soin à votre coupe de cheveux, à votre peau, évitez la barbe ou la moustache qui peuvent vous donner un air père Noël ou bon « vivant ».

Vos vêtements doivent être à votre taille et pas trop près du corps.

Le col de votre chemise ne doit pas vous étrangler. Vous devez pouvoir passer aisément un doigt entre votre col et votre cou.

Les manches de chemise ne doivent pas montrer votre musculature ou être trop serrées.

Recherchez des motifs, détails vestimentaires, bijoux plutôt discrets dans des matières mates et non brillantes.

Si vous optez pour des motifs, préférez les lignes verticales (rayures tennis) qui donnent une illusion de longueur.

Adoptez des couleurs sombres dans les pièces principales (pantalon, veste).

Les matières de vos vêtements doivent avoir de la tenue et être de bonne qualité.

Vêtements à préférer

Veste bord à bord, poche passepoilée, pans ronds, sans ouverture à l'arrière.

Cols de chemise : préférez des cols à pointes rabattues.

Pantalons droits sans revers.

Chaussures simples avec des semelles pas trop fines et dont le cuir ne soit pas trop fin.

VOTRE VESTIAIRE DE BASE

Le vestiaire de base permet de s'habiller quelles que soient les circonstances. Un pantalon restera un pantalon, un costume restera un costume. À vous de trouver les modèles en fonction de votre type de personnalité, de votre morphologie et de vos couleurs personnelles.

Les vêtements devraient pouvoir se compléter les uns avec les autres et être accessoirisés en fonction des circonstances.

La liste ci-dessous vous est donnée à titre d'exemple, à vous de la compléter en fonction de vos activités professionnelles et personnelles.

– 2 costumes de préférence dans votre neutre
– 2 vestes plus décontractées de préférence dans votre neutre
– 2 cravates
– 2 pantalons pouvant être portés sur votre lieu professionnel
– 2 pantalons décontractés (jean par exemple)
– 2 chemises
– 2 polos
– 4 tee-shirts
– 2 pull-overs
– 1 imperméable
– 1 manteau

Si vous portez le costume tous les jours, ajoutez à la liste ci-dessus :

– 4 costumes
– 4 chemises dont deux blanches et 2 couleurs claires
– 4 chemises couleur « mode »
– 4 cravates

Les accessoires

Les accessoires sont incontournables. Ils donnent à un basique un look tendance ou plus habillé et sont la signature de votre personnalité.

Pour une image professionnelle, ils sont « si possible » de qualité : ceinture en cuir, cartable, fourre-tout, chaussures… et dans votre meilleur neutre ou pour plus de facilité en noir.

La montre se fera chic dans des tons argentés ou dorés selon vos couleurs naturelles.

Pour les journées travaillées, une montre bracelet cuir et aux chiffres romains.

La garde-robe en image et possibilités de combinaison

❑ Composition élégante
et pour les journées
sans rendez-vous

❑ Composition
pour une fin de semaine
en séminaire

❑ Composition
pour une journée
sans travail

Pour les tenues décontractées, une montre sportive au bracelet métallique.

Le basique de qualité

– 1 paire de richelieu à lacets (pour une image formelle)
– 1 paire de derbys (pour une image décontractée)
– 1 paire de chaussures décontractées (bateau, tennis, boot)
– 1 montre sportive
– 1 montre classique
– 1 écharpe avec une paire de gants
– 2 ceintures de qualité
– 1 paire de lunettes de soleil

Guide pratique – Annexe 3

SYNTHÈSE DE VOTRE IMAGE PERSONNELLE

Si vous avez des doutes en complétant les ✎................., n'hésitez pas à retourner au chapitre 4, à l'annexe 1 si vous êtes une femme et à l'annexe 2 si vous êtes un homme.

Mes couleurs naturelles

Yeux : ✎..
Cheveux : ✎..
Peau : ✎..
J'opte pour des couleurs dont la première caractéristique est le :
❑ Sombre ❑ Médium ❑ Clair
Le chaud est important, je préfère les couleurs ✎..............
Le froid est important, je préfère les couleurs ✎.................
Mon contraste est ✎...,
je porte mes couleurs en contraste de ✎.........................
à ✎..
Mes meilleurs neutres sont ✎....................................
Mon meilleur blanc est ✎..
Mes accessoires et bijoux sont dans le ✎.........................
et la finition est ✎..

Mon visage

La forme de mon visage est ✎...................................
Les éléments de mon visage (sourcils, nez, yeux, bouche) présentent des lignes ✎...
Pour le mettre en valeur ou pour l'équilibrer, je choisis
des bijoux ✎...,
une coiffure ✎..,

une encolure ✎..,
un col ✎..,
un motif ✎..

Mes proportions morphologiques

Je suis plutôt de taille ✎..,
mon ossature est ✎...,
mon poids est ✎...,
J'opte pour des accessoires, des motifs, des détails vestimentaires de taille ✎...................... à ✎......................
Je préfère des matières dont le poids est ✎......................

Les lignes, les formes, les illusions d'optique	Oui	Non	Où	Pourquoi ?
Structure du vêtement.				
Verticales				
Horizontales				
Imprimés				
De la tête aux pieds				
Sur le haut du vêtement				
Sur le bas du vêtement				
Couleurs				
Sombre sur le haut du vêtement				
Sombre sur le bas du vêtement				
Clair sur le haut du vêtement				
Sombre sur le haut du vêtement				
Tissus/matières				
Mat sur le haut du corps				
Mat sur le bas du corps				
Brillant sur le haut du corps				
Mat sur le bas du corps				
Lignes du vêtement				
Cintrée				
Galbée				
Droite				
Formes				
Détails anguleux				
Détails combinés				
Détails arrondis				

Guide pratique – Annexe 4

AUDIT PROCESS COM IMAGE

Nous vous conseillons de faire ce bilan :

- après avoir terminé de lire ce livre ;
- avant et après tout rendez-vous professionnel ;
- de temps en temps pour rafraîchir vos connaissances ;
- en fonction de votre évolution personnelle et professionnelle.

Moi :

- Ma base (donnée par mon inventaire de personnalité) :
- Ma phase (donnée par mon inventaire de personnalité) :
  Mes activités de la journée :

✎...

✎...

✎...

Dans le miroir avant le rendez-vous	**oui**	**non**
Mon style reflète-t-il ma personnalité sans l'imposer ?		
Mon apparence générale est-elle soignée ?		
Ma tenue est-elle en accord avec mon physique ?		
Les couleurs (vêtements, maquillage, couleurs des cheveux et accessoires) sont-elles en accord avec mes coloris naturels et ma fonction ?		
Mes accessoires (bijoux, lunettes, montres, encolures, motifs) me ressemblent-ils ?		
Ma tenue est-elle adaptée à mon activité professionnelle ?		
Montre-t-elle mes qualités professionnelles ?		
Évaluation de mon image et de ma communication après mes rendez-vous	**oui**	**non**
Ai-je adapté ma communication en utilisant les bons canaux de communication ?		
Ai-je pris en compte les besoins de chacun ?		
Ma tenue était-elle vraiment adaptée à cette occasion ?		
A-t-elle renforcé mon message verbal ?		
Ai-je laissé une bonne impression ?		
Ai-je été courtois(e) ?		

À chaque non, nous vous invitons à revisiter le chapitre concerné.

BIBLIOGRAPHIE

Les livres que vous pouvez lire pour votre enrichissement personnel :

Gérard COLLIGNON, *Comment leur dire... La Process Communication*, 2e édition, InterEditions, 2010.

Gérard COLLIGNON et Pascal LEGRAND, *Coacher avec la Process Communication*, InterEditions, 2006.

Myriam HOFFMAN, *Le conseil en image*, Nouvelles Esthétiques.

Jérôme LEFEUVRE, *Découvrir la Process Com*, InterEditions, 2007.
— *S'entraîner à la Process Com au quotidien*, InterEditions, 2008.

Johannes ITTEN, *L'art de la couleur*, Éditions Dessain et Tolar, 1995.

Robert MONCHAUD, *La couleur est ses accords*, Édition Fleurus, 1994.

Elisabeth BRÉMOND, *L'intelligence de la couleur*, Albin Michel, 2002.

Le vêtement de A à Z, Éditions Falbalas, 2007.

Le geste et l'Expression, Éditions Hazan, 2006.

Robert JONES, *Votre beauté révélée par le maquillage*, Éditions Place de la Victoire. Traduit de *Makeup Makeovers*, 2005.

Florence LE BRAS, *Le guide du savoir-vivre*, Marabout, 2007.

Sophie DE MENTHON, *Le guide du savoir-vivre en entreprise,* Éditions d'organisation, 2005.

ÉLÉMENTS SOUS COPYRIGHT DE TKA ET KCI

1. Les six types de personnalité : travaillomane, empathique, persévérant, rêveur, rebelle, promoteur. Taibi Kahler, Ph.D., *Manager en Personne*, Kahler Communication, Inc., Little Rock, Arkansas, 1988, 1992, 2000, 2004.

2. La structure de personnalité est constituée des six types de personnalité.

L'immeuble de personnalité. Taibi Kahler, Ph.D. Séminaire Process Communication Management, Taibi Kahler Associates, Inc., Little Rock, Arkansas, October 1982, 1996.

3. Chaque type de personnalité présente trois points forts : travaillomane (responsable, logique, organisé) ; empathique (compatissant, sensible, chaleureux) ; persévérant (observateur, dévoué, consciencieux) ; rêveur (imaginatif, introspectif, calme) ; rebelle (spontané, créatif, ludique) ; promoteur (adaptable, charmeur, plein de ressources). Taibi Kahler, Ph.D., *Manager en Personne*, Kahler Communication, Inc., Little Rock, Arkansas, 1988, 1992, 2000, 2004.

4. Ces six types de personnalité sont en chacun de nous avec un séquencement différent des points forts dès l'âge de sept ans lequel habituellement ne change plus. Stansbury, Pat, *Report of Adherence,* selon les observations faites sur le même sujet à l'aide de l'Inventaire de Personnalité passé deux fois. Kahler Communications, Inc., Little Rock, Arkansas, 1990.

5. Chaque type de personnalité a un style de management et de relations qui lui est propre : travaillomane et persévérant utilisent le style démocratique, empathique le style démocratique, rebelle utilise le style laisser-faire ; travaillomane et persévérant utilisent le style démocratique, empathique le style démocratique, rebelle utilise le style laisser-faire, promoteur utilise et rêveur accepte le style autocratique. Taibi Kahler, Ph.D., *Manager en Personne*, Kahler Communication, Inc., Little Rock, Arkansas, 1988, 1992, 2000, 2004.

6. Les parties de personnalité identifiées sont : protecteur, senseur, réconforteur, directeur, ordinateur, réconforteur ; et émoteur. Taibi Kahler, Ph.D. *Séminaire Process Communication Management*, Taibi Kahler Associates, Inc., Little Rock, Arkansas, October 1982, 1996.

7. Chaque type de personnalité a une partie de personnalité correspondante : travaillomane, persévérant et rêveur utilisent l'ordinateur ; empathique utilise le réconforteur ; rebelle utilise l'émoteur ; promoteur utilise le directeur. Taibi Kahler, Ph.D., *Séminaire Process Communication Management*, Taibi Kahler Associates, Inc., Little Rock, Arkansas, October 1982, 1996.

8. Cinq canaux sont identifiés : le canal interruptif (1) fait une offre depuis le protecteur qui est acceptée depuis le senseur ; le canal directif (2) fait une offre depuis le directeur qui est acceptée depuis l'ordinateur ; le canal interrogatif (3) fait une offre depuis l'ordinateur qui est acceptée depuis l'ordinateur ; le canal nourricier (4) fait une offre depuis le réconforteur qui est acceptée depuis l'émoteur ; le canal émotif (5) fait une offre depuis l'émoteur qui est acceptée depuis l'émoteur. Taibi Kahler, Ph.D., *Séminaire Process Communication Management*, Taibi Kahler Associates, Inc., Little Rock, Arkansas, October 1982, 1996.

9. Les types persévérant et travaillomane utilisent le canal interrogatif (3) ensemble. Promoteur émet sur le canal directif (2) vers le rêveur ; rebelle utilise le canal émotif (5) ensemble : empathique utilise le canal nourricier ensemble et vers le rebelle.

Taibi Kahler, Ph. D., *Séminaire Process Communication Management*, Taibi Kahler Associates, Inc., Little Rock, Arkansas, October 1982, 1996.

– 10. Les perceptions suivantes correspondent aux types de personnalité indiqués :

– Travaillomane : pensées

– Persévérant : opinions

– Empathique : émotions

– Rêveur : inactions

– Rebelle : réactions (« J'aime », « J'aime pas »)

– Promoteur : actions

Taibi Kahler, Ph.D., *Manager en personne*, Kahler Communication, Inc., Little Rock, Arkansas, 1988, 1992, 2000, 2004.

11. Chaque type de personnalité a un environnement préférentiel, selon la matrice suivante : la ligne verticale est l'axe des buts, la ligne horizontale est l'axe des relations. Le point supérieur est appelé motivation interne, le point inférieur est appelé motivation externe. Le point de gauche est appelé engagé, le point de droite est appelé en retrait.

Ceci forme les quatre quadrants. Le quadrant haut gauche abrite le type empathique qui préfère les groupes, le quadrant haut droite abrite les types persévérant et travaillomane qui préfère la relation un à un. le quadrant bas droite abrite le type rêveur qui préfère être seul et le quadrant bas gauche abrite les types rebelle et promoteur qui préfèrent aller de groupe en groupe ou rester en bordure de groupes variés.

Taibi Kahler, Ph.D. *Séminaire Process Communication Management*, Taibi Kahler Associates, Inc., Little Rock, Arkansas, October 1982, 1996.

12. Chaque type de personnalité a reçu un thème récurrent (alias « la question existentielle ») :

– Travaillomane : « Suis-je compétent ? »

– Persévérant : « Suis-je digne de confiance ? »

– Promoteur : « Suis-je vivant ? »

– Rêveur : « Suis-je voulu ? »

– Rebelle : « Suis-je acceptable ? »

– Empathique : « Suis-je aimable ? »

Spencer/Shenk/Capers and Taibi Kahler Associates. *Séminaire Process Communication*, Gardena, California, 1989 ; Taibi Kahler, Ph.D., Building Quality Teams, Kahler Communications, Inc., Little Rock, Arkansas. 1990, 1996.

13. Phases des types de personnalité et besoins psychologiques :

– Travaillomane [phase] : besoin de reconnaissance du travail et de structuration du temps.

– Persévérant [phase] : besoin de reconnaissance du travail et des convictions.

– Empathique [phase] : besoin de reconnaissance en tant que personne, satisfactions sensorielles.

– Rebelle [phase] : besoin de contacts.

– Rêveur [phase] : besoin de solitude.

– Promoteur [phase] : besoin d'excitation.

Taibi Kahler, Ph.D., *Manager en Personne*, Kahler Communication, Inc., Little Rock, Arkansas, 1988, 1992, 2000, 2004.

14. Trois degrés de stress : Premier degré-porte d'entrée ; deuxième degré-la cave ; troisième degré-les oubliettes. Taibi Kahler, Ph.D. *Séminaire Process Communication Management*, Taibi Kahler Associates, Inc., Little Rock, Arkansas, October 1982, 1996.

15. Les *drivers* sont « la manifestation comportementale de scénarios négatifs structurels ». Taibi Kahler a découvert les cinq *drivers* de base : « Fais plaisir », « Fais des efforts », « Sois parfait », « Sois fort », et « Dépêche-toi », auxquels correspondent des mots, tons de voix, gestes, postures, et expressions faciales. Taibi Kahler, Ph.D., avec Hedges Capers, Div. M, LHD. « Le mini-scénario », *Transactional Analysis Journal*, 4:1, pp. 26-42, January 1974.

16. Chaque type de personnalité a un *driver* primaire : travaillomane – sois parfait (je dois être parfait pour les autres) ; persévérant – sois parfait (pour moi) ; empathique – fais plaisir ; rebelle – fais des efforts (je dois faire des efforts pour les autres) ; rêveur – sois fort (je dois être fort pour les autres) ; promoteur – sois fort (pour moi). Taibi Kahler, Ph.D. *Séminaire Process Communication Management*, Taibi Kahler Associates, Inc., Little Rock, Arkansas, October 1982, 1996.

17. Un premier degré de comportements de « dysmanagement » est associé avec chaque *driver* de type de personnalité :

– travaillomane – « Sois parfait » : le manager ne délègue pas bien ;

– persévérant – « Sois parfait (pour moi) » : le manager se concentre sur ce qui ne va pas et qui n'est pas bien ;

– empathique – « Fais plaisir » : le manager est trop attaché au bien-être des gens et a du mal à prendre des décisions ;

– rebelle – « Fais des efforts (je dois faire des efforts pour les autres) » : le manager a du mal à savoir comment faire quoi et délègue mal ;

– rêveur – « Sois fort (je dois être fort pour les autres) » : le manager attend que les choses se résolvent seules et ne prend pas de décisions ;

– promoteur – « Sois fort (pour moi) » : le manager n'apporte pas de soutien (« débrouille-toi ! »)

Taibi Kahler, Ph.D., *Manager en Personne*, Kahler Communication, Inc., Little Rock, Arkansas, 1988, 1992, 2000, 2004.

18. Au deuxième degré de stress chaque type de personnalité montre un mécanisme d'échec : le travaillomane surcontrôle ; le persévérant impose ses croyances ; l'empathique fait des erreurs ; le rebelle blâme ; le rêveur attend passivement ; le promoteur manipule. Taibi Kahler, Ph.D., *Manager en Personne*, Kahler Communication, Inc., Little Rock, Arkansas, 1988, 1992, 2000, 2004.

19. Au deuxième degré de stress chaque type de personnalité montre un masque : le travaillomane et le persévérant montrent un masque d'attaquant ; l'empathique et le rêveur montrent un masque de victime ; le rebelle et le promoteur montrent un masque de blâmeur. Les masques sont tous identifiés avec des mots, tons de voix, gestes, postures, et expressions faciales.

Taibi Kahler, Ph.D. *Process Communication Management Seminar*, Taibi Kahler Associates, Inc., Little Rock, Arkansas, October 1982, 1996.

20. Au deuxième degré de stress chaque type de personnalité montre des signaux d'avertissement :

– Travaillomane : frustré par ceux qui ne pensent pas logiquement, devient obsessionnel sur le timing, l'argent, l'ordre, la propreté ;

– Persévérant : extrêmement sensible aux critiques, devient suspicieux et donneur de leçons. Croit que seules ses opinions sont les bonnes ;

– Empathique : plus de confiance en soi, rit de soi de manière inappropriée, et invite la critique ;

– Rebelle : se montre négatif se plaint. Adresse des « oui mais » aux autres et se met à blâmer les autres, les événements, les situations ;

– Rêveur : retrait long dans la passivité, plus d'initiative et projets qui ne finissent pas ;

– Promoteur : provoque des bagarres, ignore ou casse les règles et manipule les autres.

Taibi Kahler, Ph.D. *Process Communication Management Seminar*, Taibi Kahler Associates, Inc., Little Rock, Arkansas, October 1982, 1996.

21. Au deuxième degré de stress, chaque type de personnalité montre une position de vie comportementale :

– Travaillomane et persévérant montrent : « Je suis OK – Tu n'es pas OK » ;

– Empathique et rêveur montrent, « Je ne suis pas OK – Tu es OK » ;

– Rebelle et promoteur montrent, « Je suis OK – Tu n'es pas OK ».

Taibi Kahler, Ph.D., *Séminaire Process Communication Management*, Taibi Kahler Associates, Inc., Little Rock, Arkansas, October 1982, 1996.

22. Au troisième degré de stress chaque type de personnalité envisage un bénéfice négatif final :

– Travaillomane : veut exclure ceux qui ne pensent pas clairement ;

– Persévérant : veut exclure ceux qui ne sont pas fiables ;

– Empathique : sent bien qu'on va l'exclure parce qu'on ne l'aime plus ;

– Rebelle : réagit avec : « Si tu me rejettes, je vais te montrer ! » ;

– Rêveur : attend qu'on lui dise quoi faire et se montre surpris quand il est exclu ;

– Promoteur : veut exclure ceux qui n'encaissent pas.

23. Quand une personne montre un *driver*, l'intervention efficace est d'utiliser le canal et la perception associés au type décelé dans le *driver*.

– avec « Sois parfait (pour toi) », utiliser le canal interrogatif et les pensées ;

– avec « Sois parfait (pour moi) », utiliser le canal interrogatif et les opinions ;

– avec « Fais plaisir (pour toi) », utiliser le canal nourricier et les émotions ;

– avec « Fais des efforts (pour toi) », utiliser le canal émotif et les réactions [j'aime/j'aime pas] ;

– avec « Sois fort (pour toi) » utiliser le canal directif et les inactions ;

– avec « Sois fort (pour moi) » utiliser le canal directif et les actions.

Taibi Kahler, Ph.D., *The Advanced PCM Seminar*, Kahler Communications, Inc., Little Rock, Arkansas, 1997.

24. Chaque phase de type de personnalité type a une problématique potentielle qui détermine si une personne changera ou pas de phase dans le cours de sa vie :

– Travaillomane : le chagrin lié à la perte ;

– Persévérant : la peur ;

– Empathique : la colère ;

– Rebelle : la responsabilité ;

– Rêveur : l'autonomie ;

– Promoteur : le lien.

Taibi Kahler, Ph.D., *The Advanced PCM Seminar*, Kahler Communications, Inc., Little Rock, Arkansas, 1997.

25. Chaque type de personnalité de base a un scénario avec une séquence d'échec observable dans les structures de phrases :

– Travaillomane et persévérant : « Jusqu'à » ;

– Empathique : « Après » ;

– Rebelle et promoteur : « Toujours » ;

– Rêveur : « Jamais ».

Certaines combinaisons de types depPersonnalité produisent les scénarios « Presque 1 » et « Presque 2 » pro et perso.

Taibi Kahler, Ph.D., *Séminaire Process Communication Management*, Taibi Kahler Associates, Inc., Little Rock, Arkansas, October 1982 ; Taibi Kahler, Ph.D., *The Advanced PCM Seminar*, Kahler Communications, Inc., Little Rock, Arkansas, 1997.

26. Les quatre mythes sont : « J'ai le pouvoir de te faire te sentir bien » ; « J'ai le pouvoir de te faire te sentir mal » ; « Je crois que tu as le pouvoir de me faire me sentir bien » ; « Je crois que tu as le pouvoir de me faire me sentir mal. » Taibi Kahler, *Transactional Analysis Revisited*, Human development Publications, Little Rock Arkansas, 1978.

27. Le PTM (*Process Therapy Model®*) présente les mécanismes de défense du premier degré de chaque type :

– Travaillomane : rationalisation ;
– Persévérant : projection ;
– Empathique : internalisation ;
– Rebelle : déplacement ;
– Rêveur : dépersonnalisation ;
– Promoteur : séduction.

Taibi Kahler, Ph.D., *Transactional Analysis Script Profile (Guide for the Therapist)*, Taibi Kahler Associates, Inc., Little Rock, Arkansas, 1997.

28. Le PTM (*Process Therapy Model®*) présente les rackets, jeux, et injonctions pour chaque type de personnalité, basé sur la recherche et produit à partir d'un inventaire informatisé. Taibi Kahler, Ph.D., *The Transactional Analysis Script Profile*, Taibi Kahler Associates, Inc., Little Rock, Arkansas, 1997.

TABLE DES MATIÈRES

PROLONGER VOTRE LECTURE

Où trouver les images et ma palette colorée de ce livre en couleurs ?

http://www.processcomimage.com

Où trouver des informations complémentaires sur la Process Com et ses applications ?

Kahler Communication France

Le Moulin du Béchet
Impasse du Béchet
27120 Croisy s/eure
Tél. : 02 32 22 22 50
Fax : 02 32 22 22 52
Site internet : www.kcf.fr

Comment se former au métier du conseil en image ou préparer l'accréditation Process Com Image ?

Makeover Consulting by Brigitte Esnoult

186, rue de Rivoli
75001 Paris
Tél. : 01 49 27 01 16
http://www.makeoverinternational.eu
Conseiller(ère) en image personnelle & Communication

Comment puis-je bénéficier d'un conseil en image ?

http://www.makeover.fr

Comment passer un inventaire de personnalité ?

http://www.makeover.fr ou www.kcf.fr

901052 - (I) - (2) - OSB 90° - NOC - GCO

Imprimerie Nouvelle
45800 Saint-Jean de Braye
N° d'Imprimeur : 430861W
Dépôt légal : avril 2010

Imprimé en France